staub
ストウブでパンを焼く

池田愛実

誠文堂新光社

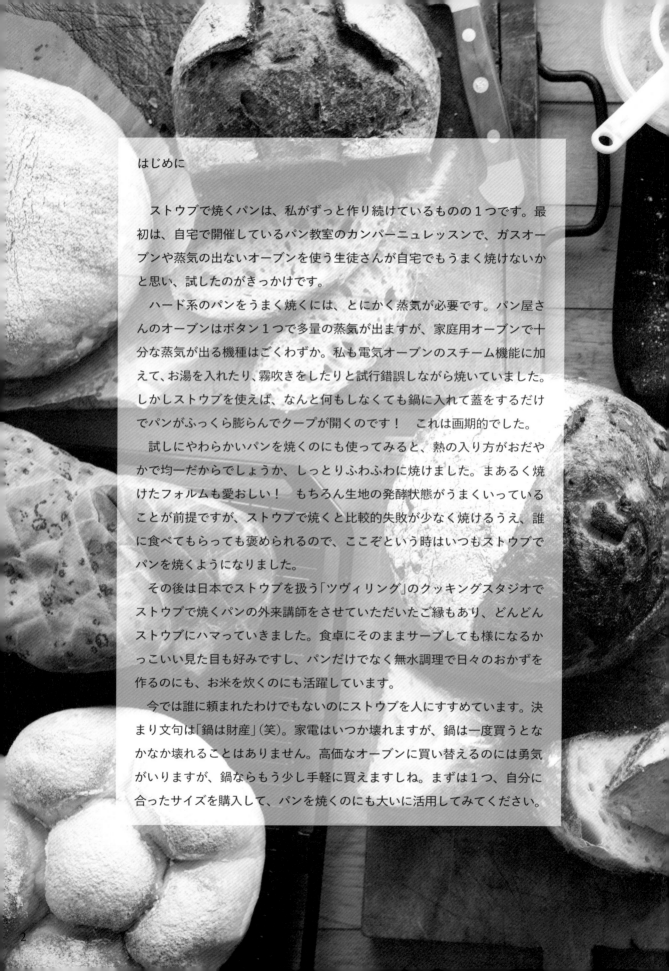

はじめに

　ストウブで焼くパンは、私がずっと作り続けているものの1つです。最初は、自宅で開催しているパン教室のカンパーニュレッスンで、ガスオーブンや蒸気の出ないオーブンを使う生徒さんが自宅でもうまく焼けないかと思い、試したのがきっかけです。

　ハード系のパンをうまく焼くには、とにかく蒸気が必要です。パン屋さんのオーブンはボタン1つで多量の蒸気が出ますが、家庭用オーブンで十分な蒸気が出る機種はごくわずか。私も電気オーブンのスチーム機能に加えて、お湯を入れたり、霧吹きをしたりと試行錯誤しながら焼いていました。しかしストウブを使えば、なんと何もしなくても鍋に入れて蓋をするだけでパンがふっくら膨らんでクープが開くのです！　これは画期的でした。

　試しにやわらかいパンを焼くのにも使ってみると、熱の入り方がおだやかで均一だからでしょうか、しっとりふわふわに焼けました。まあるく焼けたフォルムも愛おしい！　もちろん生地の発酵状態がうまくいっていることが前提ですが、ストウブで焼くと比較的失敗が少なく焼けるうえ、誰に食べてもらっても褒められるので、ここぞという時はいつもストウブでパンを焼くようになりました。

　その後は日本でストウブを扱う「ツヴィリング」のクッキングスタジオでストウブで焼くパンの外来講師をさせていただいたご縁もあり、どんどんストウブにハマっていきました。食卓にそのままサーブしても様になるかっこいい見た目も好みですし、パンだけでなく無水調理で日々のおかずを作るのにも、お米を炊くのにも活躍しています。

　今では誰に頼まれたわけでもないのにストウブを人にすすめています。決まり文句は「鍋は財産」（笑）。家電はいつか壊れますが、鍋は一度買うとなかなか壊れることはありません。高価なオーブンに買い替えるのには勇気がいりますが、鍋ならもう少し手軽に買えますしね。まずは1つ、自分に合ったサイズを購入して、パンを焼くのにも大いに活用してみてください。

part 1

CONTENTS

14 ハード系パン

part 2

・この本で使用している計量の単位は、
　大さじ1＝15㎖、小さじ1＝5㎖、1カップ＝200㎖です。
・材料の水は、水道水を浄化したものを使用しています。
　ミネラルウォーターを使用する場合は、
　日本の水道水に近い軟水を使用してください。
・オーブンは電気オーブンを使っています。
　ガスオーブンの場合は20℃低くして焼成するのがおすすめです。
　ただし、温度と焼成時間は目安です。熱源や機種によって
　多少差があるので、様子を見ながら加減してください。
・オーブンの発酵機能は機種によって異なります。
　取扱説明書を参照してください。

ストウブでパンを焼く理由

フランスの伝統的な製法で作られるストウブの鋳物ホーロー鍋。
なぜストウブの鍋がパンを焼くのに適しているのか、
パンにどんな効果があるのかを知っておきましょう。

part 1 ハード系パン (P.14～)

フタのつまみは金属製で、耐熱性に優れ、250℃まで蓋をしたままオーブンに入れることができます。熱源は直火、IHクッキングヒーター、電磁調理器、ハロゲン、オーブンに対応しています。

　カンパーニュをストウブで焼く最大のメリットは、蓋をすることでしっかりと密閉でき、パンの蒸気が逃げにくいことです。カンパーニュを自宅のオーブンで直焼きするときに失敗する原因の多くは蒸気不足によるものです。オーブンのファンや熱によって、パンの表面が固まってしまうとパンが膨らみきることができず、目が詰まってクープも開かないパンになってしまいます。それを防ぐには、蒸気で表面を湿らせて焼き固まるのを遅らせる必要がありますが、家庭用のオーブンは、なかなか十分な蒸気が出ません。しかし、ストウブの鍋に入れて蓋をすることで、パン自身のもつ水分が蒸気となって鍋内に溜まり、さらに蓋の内部についた突起によって蒸気が鍋内に均一に循環するので、オーブンのスチーム機能を使わなくても、パンのもつ水分だけで、生地が本来膨らむべき大きさまで窯伸びしてクープがきれいに開きます。また、鍋を予熱して熱々にしておくことで、蒸気がより多く発生し、下火も強くなるので、水分の多い生地もだれることなく、下火で持ち上げて焼くことが出来ます。

　最後まで蓋をしたまま焼くと、ずっと蒸し焼き状態になってしまうので、後半は蓋を外して焼き、香ばしい焼き色をつけましょう。

part2 やわらか系パン（P.48〜）

　ストウブの鍋は、油脂分を配合したやわらかいパンを焼くのにも向いています。本書では蓋をせずに焼きますが、鍋に厚みがあり、熱伝導が均一なので、じっくりとパンに熱が入り、やわらかくしっとりと焼き上がります。こねない製法で作るパンは、グルテンの結びつきが弱くパサつきやすいのが悩みですが、鍋に入れて焼くことで、直接側面から火が当たらないので、生地が乾燥せず、窯伸びよく、色ムラも少なく焼き上がります。

　また、鍋には型としての役割もあるので、水分の多い生地でも必ず丸くきれいに焼き上がるので安心です。

内側は、ザラザラした凹凸がある独自のホーロー加工（黒マット・エマイユ加工）が施され、お手入れもしやすくなっています。高温のオーブンに入れても変色が気になりにくい黒色なのも嬉しい点です。

蓋をして、生地の水分をとじ込めた場合、蓋裏のピコ（丸い突起）やシステラ（カギ状の突起）によって、焼成中に高温の蒸気が鍋内で循環し、生地の乾燥を防ぎ、釜のびを良くします。

鍋のサイズ選びについて

鍋のサイズによって、どのくらいの量のパンが焼けるのかを知っておきましょう。
これから鍋を買う人は、鍋がオーブンの庫内に入るかどうかも必ずチェックして。

ピコ・ココット ラウンド
18cm
幅24×高さ13.5cm
鍋底直径14.9cm
容量1.7ℓ

粉量は200〜230g。本書では基本的にこのサイズを使っています。家庭で食べきるのにぴったりのパンが焼ける、おすすめのサイズ。

ピコ・ココット ラウンド
20cm
幅26.5×高さ14.5cm
鍋底直径16.1cm
容量2.2ℓ

粉量は260〜300g。18cmの約1.3倍の量の生地が入ります。スタンダードなサイズでパン・料理ともに3〜4人家族に使い勝手が良いです。

ピコ・ココット ラウンド
22cm
幅28.5×高さ15cm
鍋底直径17.1cm
容量2.6ℓ

粉量は300〜345g。18cmの約1.5倍の量の生地が入ります。大きめのパンが焼けるので、パーティーや持ち寄りなど大人数で食べるときにも。

ピコ・ココット ラウンド
10cm
幅13×高さ7cm
鍋底直径7.5cm
容量0.25ℓ

本書ではP.88〜で使用。粉量は70g、1人分のパンを焼くのにぴったり。鍋底面が小さいので、五徳にのせられない、またはIHに反応しない場合もあるので注意。

ブレイザー・ソテーパン

24cm

幅31.7×高さ11.6cm

鍋底直径18.5cm

容量2.4ℓ

本書ではP.84のシナモンロールで使用。粉量はピコ・ココット ラウンド22cmと同量。浅型で底が広く、小さい生地をたくさん並べて焼けるので、大勢でちぎって食べるパンを焼くのがおすすめ。

ストウブのほかの鍋を使う場合

ピコ・ココット ラウンド以外の鍋を使っても焼くことができます。鍋の容量が近い分量を参考にしましょう。

ピコ・ココット オーバル

野菜や魚を長いまま調理できる、人気のオーバル型。ピコ・ココット オーバル23cmは、ピコ・ココット ラウンド22cmの分量のパンを作ることができます。葉っぱや1本のクープ（P.21参照）を入れたカンパーニュを焼くとかわいい。

Wa - NABE

丸みをおびたフォルムのWa - NABEは、Mサイズは18cm、Lサイズは20cmのピコ・ココット ラウンドと同様の分量で作ることができます。鍋底の直径が小さく丸みがあるため、ころんとした形のパンが焼き上がります。

ストウブで焼くパンの
Q&A

パン教室をしているとさまざまな質問を受けます。
うまく焼くためのコツや、おいしく食べるための裏技まで、
パンづくりの参考になることをまとめました。

Q
カンパーニュのクープが
うまく開きません。
開かせるコツは
ありますか？

A
クープが開いていないパンが失敗
というわけではありませんが、や
はり開くと嬉しいですよね。クー
プを開かせるためには生地が締ま
って張りがあることが重要です。
成形する時にちゃんと生地表面が
張っていることを意識してくださ
い。また冬に比べて夏のほうが気
温が高く、生地がだれてクープが
開きにくくなります。その場合は
二次発酵のうち最後の20分を冷蔵
庫で発酵させると改善されます。
ライ麦や茶葉、ココアといった粉
類も生地を締める効果があるので
混ぜて作るのもおすすめです。

Q
長時間発酵で
作る理由は？

A
時間をかけて発酵させることで小
麦粉にしっかりと水分が行き渡り
よりしっとりした食感を生み出す
とともに、小麦本来のおいしさを
引き出します。また低温で発酵さ
せたパンは、室温で発酵させたパ
ンに比べ、甘さや旨みを感じる人
が多いです。これは酵素の働きが
影響していると言われています。
作業を2日に分けることもでき、
長時間縛られることなく気軽に作
れるのもメリットです。

Q
冷蔵庫で
一晩発酵させずに、
当日焼きたいときは
どうしたらいいですか？

A
急いでいるときは当日に焼き上げ
ることもできます。パンチ（P.17参
照）をしたらそのまま室温に置いて
2〜2.5倍になるまで待ちます。
冷蔵発酵に比べて生地の温度が高
いので、二次発酵の時間は10分ほ
ど短くしてください。

Q

生地がうまく発酵しない
ときは?

A

翌日野菜室の生地を見たら、ボコ
ボコ気泡が出るくらい大きく膨ら
んでいた、逆に全く膨らんでいな
かった…こんなときは水温の調整
ができていたか見直してみてくだ
さい。パンの発酵に温度は密接に
かかわっています。特に真夏や真
冬は室温の影響を大きく受けるの
で、暑すぎると発酵が進みすぎ、
寒すぎるとなかなか発酵しません。
混ぜ終わった生地の理想の温度は
23〜26℃。水温を求める計算式を
ご紹介するので目安としてお使い
ください。以下の式を参考に水温
に気をつけて生地を仕込んでくだ
さいね。

［水温について］

60－室温－粉の温度＝水の温度
室温に出している粉は室温と同じ温度、
冷蔵庫に保管している場合は7℃で計算。
水が0℃以下になる場合は粉を冷蔵庫で冷やす。
例1：
室温15℃、粉は室温保存の場合
60－15－15＝水温30℃
例2：
室温30℃、粉は室温保存の場合
60－30－30＝0℃
になってしまうので、粉は冷蔵庫
で冷やす。

Q

ほかの鍋でも
焼けますか?

A

ストウブ以外の鋳物ホーロー鍋で
も焼くことができますが、カンパ
ーニュは蓋ごとオーブンにいれる
のでつまみが耐熱である必要があ
ります。ストウブは熱伝導に優れ
密閉性が高く火の通りが均一で、
蓋裏にピコやシステラといった突
起が蒸気をうまく循環させてくれ
るので、特にカンパーニュを焼く
のに適しています。

Q

パンの冷凍方法と、
おいしく食べられる
解凍方法を
教えてください。

A

焼いた翌日までに食べきれないパン
は、なるべく早く冷凍したほう
がおいしさをキープできます。1
回に食べられる分ずつラップで包
んでフリーザーバッグに入れると
冷凍庫内でのにおい移りを最小限
にすることができます。解凍する
ときは自然解凍、急いでいるとき
は電子レンジで少し温めてから、
パンに霧吹きをして熱々に予熱し
たトースターで焼きます。皮面に
火が当たるように立てて入れると
皮がパリっと、中は硬くなりすぎ
ずに焼けますよ。

この本で使用している材料と基本の道具

1 ボウル

生地を混ぜるときや、カンパーニュを二次発酵させるときに使います。二次発酵の際は、焼成で使う鍋とほぼ同じ大きさのボウルを使いましょう。

2 カード

粘度が出てきた生地を混ぜるときやボウルから生地を取り出すとき、生地の分割に、1つ持っておくと色々使えて便利です。

3 ゴムベラ

生地を混ぜはじめるときに使うと、柄に長さがあるため粉が手につきません。

4 ホイッパー

ドライイーストを水分に溶かす際に使います。

5 刷毛

生地に溶き卵を塗るときに使います。

6 クープナイフ

よく切れるペティナイフでも代用できますが、クープナイフを使うとやわらかい生地でも切り込みを入れやすくおすすめです。製菓材料店で購入できます。

7 茶こし

打ち粉を均一にふることができます。

8 パンこねマット

なければ直接台に出しても良いですが、あると片付けが楽です。

9 オーブンペーパー

鍋の内側に敷くと生地がくっつきません。

10 温度計

発酵には温度がとても重要。生地を仕込む際の水温を測るのに使います。

11 ミトン

鍋が高温になるので、厚手で熱を遮断するミトンは必需品。

12 量り

0.5g以下を量れるものがあるとより正確に作ることができます。

13 霧吹き

生地を濡らしてトッピングをまぶしつけるときに使用。

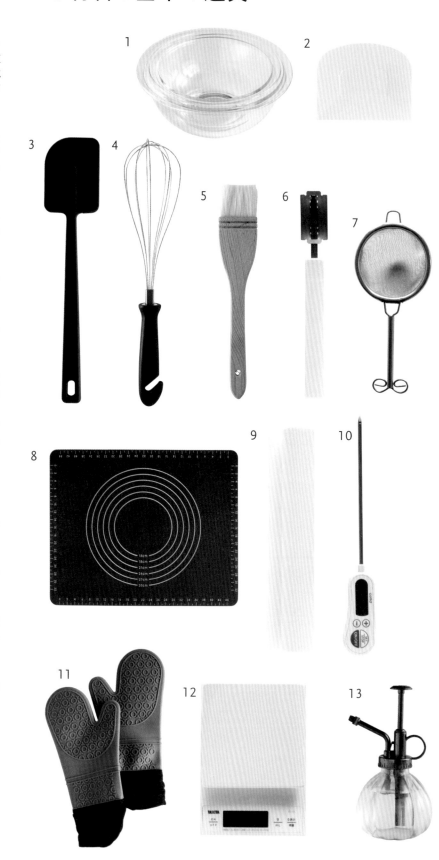

[粉類]

私は主に国産の小麦粉を使用しています。モチモチして甘みのあるパンに仕上がります。
ほかの小麦粉で代用可能ですが、粉によって若干吸水が変わることがあります。

1 強力粉
（はるゆたかブレンド）

2 準強力粉
（タイプER）

3 薄力粉
（北海道産薄力粉ドルチェ）

4 全粒粉
（北海道産全粒粉キタノカオリ
石臼挽き）

5 ライ麦全粒粉
（ヴァンガーラント細挽き）

[塩と砂糖]

お家で作るパンは塩と砂糖にもこだわりたいですよね。特に塩はパンの味つけになるので美味しいものを使うのがおすすめ。
塩小さじ1は約5g（½は2.5g）。
砂糖は上白糖やグラニュー糖を使用してもOKです。

6 ゲランドの塩（微粒）

7 素焚糖（すだきとう）

8 黒糖

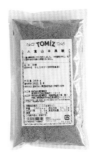

[油脂]

オイルは生地をやわらかくしてくれる効果があります。基本は無味無臭のオイルを使い、バターの風味をつけたいときはバター使用。バターは記載がない場合は無塩を使っています。

9 米油

10 無塩バター

[ドライイースト]

発酵力の安定した通称「赤サフ」を使用。小さじ1は約3gです。

11 サフ インスタントドライ
イースト　赤

[生地に混ぜたり、トッピングに使うもの]

ドライフルーツやチーズ、くるみ、ごま、スパイス、ハーブなどを使用。ほかにも、紅茶やほうじ茶などの茶葉も使用しています。

13

part1
ハード系パン

冷蔵庫で低温長時間発酵させた生地を
ストウブに入れ、蓋をしてオーブンの中へ。
スチーム効果でクープがしっかりと開き、
皮はパリっ、中はもっちりと焼き上がります。

基本のカンパーニュ
作り方→P.16

基本のカンパーニュ

皮はパリっ、中はしっとりとしたベーシックなカンパーニュ。
まずは基本の作り方をしっかりと覚えましょう。Part1のパンは粉や具を替えるだけでほぼ同様に作れます。

材料	18cm	20cm	22cm
強力粉	230g	300g	345g
塩	4g	5g	6g
砂糖	6g	8g	9g
ドライイースト	0.75g*	1g	1g
水	175g	230g	260g

＊0.75g＝小さじ¼

生地作り

1 材料を用意する。
★それぞれ量って用意してもいいが、慣れて
きたら量りにボウルをのせ、材料を量りなが
ら加えていくと、洗い物が少なくてラク。

2 ボウルにドライイーストを量り入
れる。

3 水を加える。
★水温については、P.11のQ&Aを参照。

4 ホイッパーでドライイーストと水
を混ぜる。
★完全に溶け切らなくても、ざっと混ざれば
大丈夫。

5 砂糖を加える。

6 強力粉を加える。

7 塩を加える。

8 ゴムベラで混ぜる。

9 粉気がなくなってくると、ゴムベラで混ぜにくくなる。

10 粘度が出て混ぜにくくなったらカードに持ち替えて、粉のかたまりがなくなるまで3分ほど混ぜる。

11 粉気がなくなって、全体がもったりしたらこね上がり。

12 ラップをして、室温に置いて30分休ませる。

13 濡れた手で生地をボウルのまわりからはがして持ち上げる。

14 持ち上げた生地を中央に向かって折りたたむ。これをボウルに沿って1周半行う。
★この作業をパンチと呼び、生地のグルテンを強化して膨らみを良くする効果がある。

15 なめらかな面が上になるように生地をひっくり返す。

一次発酵

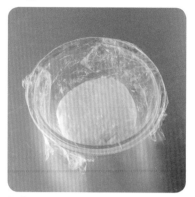

16 ラップをして、再度室温に30分置く。

17 生地の高さの部分にマスキングテープなどで印をつけ、冷蔵庫の野菜室に入れて最低6時間〜最長2日発酵させる。

18 2倍以上に膨らんでいたら、発酵完了。生地を冷蔵庫から取り出し、室温に30分置く（室温が25℃を越える場合はそのまま成形に移ってOK）。
★あまり膨らんでいなければ、室温に置いたまま膨らむのを待つ。

◯ 成形

19 生地の表面に打ち粉（強力粉・分量外）をふって、ボウルと生地の間にカードを1周差し込んで生地をはがす。

20 ボウルを逆さにして生地が落ちるのを指やカードで助けながら、やさしく生地を取り出す。

21 取り出した生地を成形する。

22 生地のまわりから中心に向かって折りたたむ。

23 少しずつ位置を変えながら折りたたんでいき、1周する。

24 1周折りたたんだところ。

25 生地をひっくり返す。

26 表面の生地を下に入れ込むようにして生地を張らせながら丸め、その場で一旦休ませる。

準備

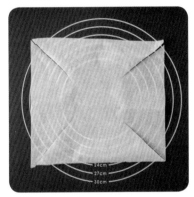

27 鍋よりひとまわり大きく切ったオーブンペーパーの四隅から、中心に向かって切り込みを入れる。

28 鍋と同じくらいの大きさのボウルにオーブンペーパーを敷き、はみ出た部分をはさみでカットする(蓋と鍋の間に挟まって気密性が下がるのを防ぐ)。

29 生地を再度下に入れ込むように丸め、表面に張りを出す。生地を張らせることでクープが開きやすく、形もよく焼き上がる。

30 生地の表面に張りが出て、形が整った。

31 生地をひっくり返す。

32 とじ目をつまんでとじる。

二次発酵

33 ボウルに敷いたオーブンペーパーの上に、とじ目を下にして入れる。

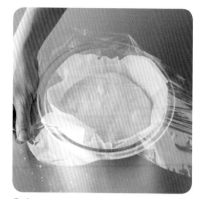

34 ボウルにラップをして、室温に45分置いて発酵させる＊。

＊室温が30℃前後の場合は、25分常温に置いたあと冷蔵庫に20分入れて発酵させると、生地がだれずクープが開きやすくなる。

予熱

35 焼く20分以上前から、オーブンに天板1枚と鍋を入れ、250℃に予熱しておく。

36 生地がひとまわり大きく膨らんだら、二次発酵完了。

仕上げ

37 生地の表面に茶こしで打ち粉（強力粉・分量外）をふる。

38 クープナイフの刃の角を使って、生地の表面に十字のクープ（切り込み）を入れる。

39 クープは勢い良く切るのがポイント。深さは約5mm。中心の十字が重なる部分は再度なぞって高低差をなくしておくと均一に開きやすくなる。

🍲 焼成

40 オーブンから鍋を取り出し、蓋を外す（熱いので必ずミトンをしてやけどに注意する）。

41 オーブンペーパーの角と角を持って、鍋の中に生地を移す。

42 鍋に移した状態。

43 ミトンをはめて鍋に蓋をしてオーブンに入れ、250℃（最高温度が250℃より低ければその温度）で22分焼く。さらに蓋を外して230℃で約22分、好みの焼き色がつくまで焼く。
★20cmは蓋あり25分＆蓋なし23分。
22cmは蓋あり25分＆蓋なし28分。

44 鍋をオーブンから出し、オーブンシートの端を持ってパンを取り出し、網の上にのせて冷ます。

焼き上がり

クープの種類 　入れるクープによってパンの表情や膨らみ方が変わります。

十字

ななめ線

ハート

井桁

四つ葉

葉っぱ

ローズマリー

1本

ポルカ（格子）

十字切り込み

本格カンパーニュ

準強力粉を使うと、皮はパリっと歯切れがよく、より本格的な仕上がりに。
全粒粉とライ麦粉を配合し、フランスの素朴なパン・ド・カンパーニュ（田舎パン）に近づけました。

材料	18cm	20cm	22cm
準強力粉	180g	240g	275g
ライ麦粉	25g	30g	35g
全粒粉	25g	30g	35g
塩	4g	5g	6g
砂糖	6g	8g	9g
ドライイースト	0.75g＊	1g	1g
水	175g	230g	260g

＊0.75g＝小さじ¼

⬭ 生地作り

1 ボウルにドライイースト、水の順に量り入れてホイッパーで混ぜる。
★水温については、P.11のQ&Aを参照。
2 その上に砂糖、準強力粉、ライ麦粉、全粒粉、塩の順に量って加え（a）、ゴムベラで混ぜる。粘度が出てきたらカードに持ち替え、粉気がなくなるまで混ぜる。
3 ラップをして30分室温で休ませたら、濡れた手で生地をボウルのまわりからはがして中央に折りたたむ作業を1周半行い、生地の上下を返す。

⬭ 一次発酵

4 ラップをしてさらに30分室温に置いたら、冷蔵庫の野菜室に入れ、最低6時間〜最長2日置く。
5 2倍以上に膨らんでいたら発酵完了。生地を冷蔵庫から取り出し、30分室温に置く。
★室温25℃以上の場合は室温に戻さず成形する。

◯ 成形

6 生地の表面に打ち粉（強力粉・分量外）をふって、生地とボウルの間にカードを差し込んで生地をはがし、ボウルを逆さまにして生地を取り出す。
7 周囲から中心に生地を集めて丸めたら、ひっくり返して、生地の表面を張らせるように丸める。
8 鍋と同じくらいの大きさのボウルに四隅に切り込みを入れたオーブンペーパーを敷く。
9 再度生地表面を張らせるように丸め直し、とじ目をつまんでとじ、とじ目を下にして8のボウルに入れる。

⬭ 二次発酵

10 ラップをして室温に45分置いて発酵させる。

⬭ 予熱

11 焼く20分以上前からオーブンに鍋と天板を入れて250℃に予熱する。

⊕ 仕上げ

12 生地の表面に打ち粉（強力粉・分量外）をし、クープを入れる。

⬭ 焼成

13 オーブンから鍋を取り出し（熱いのでやけどに注意）、オーブンペーパーごと生地を鍋の中に入れ、蓋をして250℃で22分、蓋を外して230℃で約22分焼く。
★20cmは蓋あり25分＆蓋なし23分。
22cmは蓋あり25分＆蓋なし28分。

a

ふすまカンパーニュ

小麦の一番外側だけを製粉して作った「ふすま」は、低糖質で食物繊維を多く含みます。
グルテンが含まれず生地がべたつくので、成形時は生地が破れないよう注意しましょう。

材料	18cm	20cm	22cm
強力粉	180g	235g	270g
ふすま	50g	65g	75g
塩	4g	5g	6g
砂糖	6g	8g	9g
ドライイースト	0.75g＊	1g	1g
水	190g	245g	285g

＊0.75g＝小さじ¼

🥣生地作り～🍲焼成

P.16～基本のカンパーニュの**1**～**44**
と同様に作る。ただし、生地を作る
とき、強力粉とともにふすまも加え
る（a）。
小麦の表皮部分「ふすま」は、独特の
風味があるので粉の約20%を置き換
えて、食べやすいレシピに。

a

ガーリックバターカンパーニュ

クープにガーリックバターを塗って焼き上げた、パンチのあるカンパーニュ。
油分が生地をくっつきにくくするので、クープが開きやすくなる効果もあります。

材料	18cm	20cm	22cm
基本のカンパーニュ生地(P.16)			
トッピング			
塩	2g	2.5g	3g
有塩バター	20g	25g	30g
ニンニク（すりおろし）	½片分	½片分	⅔片分

🥣生地作り～🍲予熱

1 P.16～基本のカンパーニュの**1**～
34と同様に作る。

準備

2 トッピングを作る。有塩バターは
室温に戻してやわらかくし、残りの
材料と混ぜ合わせておく。

⊕仕上げ

3 生地の表面に打ち粉（強力粉・分量
外）をし、クープを入れたら、切り
込みの内側にスプーンでトッピング
をのせる（a）。

🍲焼成

4 P.21の基本のカンパーニュの**40**
～**44**と同様に焼く。

a

チーズカンパーニュ

カンパーニュと相性抜群のチーズをたっぷり包み込みました。
溶けるタイプのチーズは大きな空洞ができてしまうので、ハードタイプのチーズを使うのがおすすめ。

材料	18cm	20cm	22cm
基本のカンパーニュの生地(P.16)			
チーズ(レッドチェダー・ゴーダなどを合わせて)	70g	90g	105g

準備

1 チーズは2cm角に切っておく。

🥣生地作り

2 ボウルにドライイースト、水の順に量り入れてホイッパーで混ぜる。
★水温については、P.11のQ&Aを参照。

3 その上に砂糖、強力粉、塩の順に量って加え、ゴムベラで混ぜる。粘度が出てきたらカードに持ち替え、粉気がなくなるまで混ぜる。

4 ラップをして30分室温で休ませたら、濡れた手で生地をボウルのまわりからはがして中央に折りたたむ作業を1周半行い、生地の上下を返す。

🥣一次発酵

5 ラップをしてさらに30分室温に置いたら、冷蔵庫の野菜室に入れ、最低6時間～最長2日置く。

6 2倍以上に膨らんでいたら発酵完了。生地を冷蔵庫から取り出し、30分室温に置く。
★室温25℃以上の場合は室温に戻さず成形する。

○成形

7 生地の表面に打ち粉(強力粉・分量外)をふって、生地とボウルの間にカードを差し込んで生地をはがし、ボウルを逆さまにして生地を取り出す。

8 周囲から中心に生地を集めて丸めたら、ひっくり返して、生地の表面を張らせるように丸める。

9 鍋と同じくらいの大きさのボウルに四隅に切り込みを入れたオーブンペーパーを敷く。

10 チーズを3回に分けて巻き込む。生地のとじ目を上にして置いて平たくし、生地の半分にチーズの⅓量をのせ、半分に折りたたむ(a)。折りたたんだ生地の半分にチーズを⅓量のせ、さらに半分に折りたたむ(b)。その上に残りのチーズをのせ、周囲から両手で中心に生地を集めるようにしてまとめる(c)。

11 とじ目をつまんでとじ、とじ目を下にして9のボウルに入れる。

🥣二次発酵

12 ラップをして室温に45分置いて発酵させる。

🍞予熱

13 焼く20分以上前からオーブンに鍋と天板を入れて250℃に予熱する。

⊕仕上げ

14 生地の表面に打ち粉(強力粉・分量外)をし、クープを入れる。

🍲焼成

15 オーブンから鍋を取り出し(熱いのでやけどに注意)、オーブンペーパーごと生地を鍋の中に入れ、蓋をして250℃で22分、蓋を外して230℃で約22分焼く。
★20cmは蓋あり25分&蓋なし23分。22cmは蓋あり25分&蓋なし28分。

a

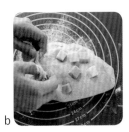

b

c

胡麻さつまいもカンパーニュ

優しい甘さのさつまいもの甘煮をたっぷりパンに入れました。黒胡麻との相性は抜群。
何もつけずにそのまま食べられるので、おやつにも重宝します。

材料	18cm	20cm	22cm
基本のカンパーニュの生地(P.16)			
黒胡麻	18g	23g	27g
さつまいもの甘煮			
さつまいも(皮つき)	130g	170g	200g
砂糖	35g	45g	50g
水	70g	90g	100g

準備

1 さつまいもの甘煮を作る。さつまいもはよく洗い、皮つきのまま1.5cm角に切り、水に10分ほどさらしてあくをとる。水気をきり、耐熱ボウルに水、砂糖とともに入れ、ふんわりラップをかけ電子レンジ600Wで3分(20cmの分量で3分半、22cmの分量で4分)加熱する(a)。冷めるまでそのまま置いて味を染み込ませ、キッチンペーパーで水気をよくきる。

生地作り

2 ボウルにドライイースト、水の順に量り入れてホイッパーで混ぜる。★水温については、P.11のQ&Aを参照。

3 その上に砂糖、強力粉、黒胡麻、塩の順に量って加え、ゴムベラで混ぜる。粘度が出てきたらカードに持ち替え、粉気がなくなるまで混ぜる。

4 ラップをして30分室温で休ませたら、濡れた手で生地をボウルのまわりからはがして中央に折りたたむ作業を1周半行い、生地の上下を返す。

一次発酵

5 ラップをしてさらに30分室温に置いたら、冷蔵庫の野菜室に入れ、最低6時間～最長2日置く。

6 2倍以上に膨らんでいたら発酵完了。生地を冷蔵庫から取り出し、30分室温に置く。★室温25℃以上の場合は室温に戻さず成形する。

成形

7 生地の表面に打ち粉(強力粉・分量外)をふって、カードでやさしく生地を取り出す。

8 周囲から中心に生地を集めて丸めたら、ひっくり返して、生地の表面を張らせるように丸める。

9 鍋と同じくらいの大きさのボウルに四隅に切り込みを入れたオーブンペーパーを敷く。

10 生地のとじ目を上にして平たくし、さつまいもの甘煮の⅓量を生地の半分にのせ(b)、生地を半分に折りたたむ。折りたたんだ生地の半分にさつまいもの甘煮の⅓量をのせ(c)、さらに半分に折りたたむ。残

りのさつまいもをのせ(d)、周囲から両手で生地を集めるようにまとめ、とじ目をつまんで閉じ、とじ目を下にして9のボウルに入れる。

二次発酵

11 ラップをして室温に45分置いて発酵させる。

予熱

12 焼く20分以上前からオーブンに鍋と天板を入れて250℃に予熱する。

仕上げ

13 生地の表面に打ち粉(強力粉・分量外)をし、クープを入れる。

焼成

14 オーブンから鍋を取り出し(熱いのでやけどに注意)、オーブンペーパーごと生地を鍋の中に入れ、蓋をして250℃で22分、蓋を外して230℃で約22分焼く。

★20cmは蓋あり25分＆蓋なし23分。
22cmは蓋あり25分＆蓋なし28分。

a

b

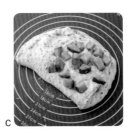
c

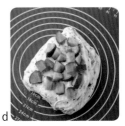
d

味噌カンパーニュ

パリのパン屋さんで食べた味噌とライ麦のカンパーニュをイメージして、
くるみを加えて作ってみました。味噌のおかげで皮が香ばしく焼き上がります。

材料	18cm	20cm	22cm
準強力粉	200g	260g	300g
ライ麦粉	30g	40g	45g
砂糖	6g	8g	9g
ドライイースト	0.75g＊	1g	1g
水	175g	230g	260g
味噌	40g	52g	60g
くるみ	50g	65g	75g

＊0.75g＝小さじ¼

準備

1 くるみは170℃で8分ローストし、冷ましておく（a）。味噌は水に溶かしておく（b）。

🥣 生地作り

2 ボウルにドライイースト、水と味噌の順に量り入れてホイッパーで混ぜる。

★水温については、P.11のQ&Aを参照。

3 その上に砂糖、準強力粉、ライ麦粉の順に量って加え、ゴムベラで混ぜる。粘度がでてきたらカードに持ち替え、粉気がなくなるまで混ぜる。最後にくるみを加え均一に混ぜる。

4 ラップをして30分室温で休ませたら、濡れた手で生地をボウルのまわりからはがして中央に折りたたむ作業を1周半行い、生地の上下を返す。

🥣 一次発酵

5 ラップをしてさらに30分室温に置いたら、冷蔵庫の野菜室に入れ、最低6時間～最長2日置く。

6 2倍以上に膨らんでいたら発酵完了。生地を冷蔵庫から取り出し、30分室温に置く。

★室温25℃以上の場合は室温に戻さず成形する。

⭕ 成形

7 生地の表面に打ち粉（強力粉・分量外）をふって、カードでやさしく取り出す。周囲から中心に生地を集めて丸めたら、ひっくり返して、生地の表面を張らせるように丸める。

8 鍋と同じくらいの大きさのボウルに四隅に切り込みを入れたオーブンペーパーを敷く。再度生地表面を張らせるように丸め直し、とじ目をつまんでとじ、とじ目を下にしてボウルに入れる。

🥣 二次発酵

9 ラップをして室温に45分置いて発酵させる。

🍲 予熱

10 焼く20分以上前からオーブンに鍋と天板を入れて250℃に予熱する。

➕ 仕上げ

11 生地の表面に打ち粉（強力粉・分量外）をし、クープを入れる。

🍲 焼成

12 オーブンから鍋を取り出し（熱いのでやけどに注意）、オーブンペーパーごと生地を鍋の中に入れ、蓋をして250℃で22分、蓋を外して230℃で約22分焼く。

★20cmは蓋あり25分＆蓋なし23分。22cmは蓋あり25分＆蓋なし28分。

★味噌は、最も一般的な米味噌を使用。甘さが控えめで色が濃く、シンプルな原料で作られたものを選ぶ。白味噌は避ける。

a

b

かぼちゃラムレーズンマーブルカンパーニュ

かぼちゃを練り込んだ黄色の生地とプレーン生地を重ねて成形し、マーブル模様を作ります。どこを切っても断面がかわいいのが特徴です。ラムレーズンがアクセント。

材料	18cm	20cm	22cm
プレーン生地			
強力粉	100g	130g	150g
塩	2g	2.5g	3g
砂糖	10g	13g	15g
ドライイースト	0.4g＊	0.5g＊	0.5g＊
牛乳	70g	90g	105g
かぼちゃ生地			
強力粉	100g	130g	150g
かぼちゃ（皮なし）	80g	105g	120g
塩	2g	2.5g	3g
砂糖	10g	13g	15g
ドライイースト	0.4g＊	0.5g＊	0.5g＊
牛乳	65g	85g	98g
レーズンのラム酒漬け			
ドライレーズン	50g	65g	75g
ラム酒	大さじ1	大さじ1	大さじ1½

＊0.4g＝小さじ⅛（0.5g＝小さじ⅙）

準備

1 レーズンはラム酒をふりかけ一晩以上置く。かぼちゃは一口大に切り、耐熱皿に並べてふんわりとラップをかけ電子レンジでやわらかくなるまで加熱し、フォークでなめらかに潰し、冷ます。

🍥 生地作り

2 かぼちゃ生地、プレーン生地の順に作る。それぞれのボウルにドライイースト、牛乳の順に量り入れてホイッパーで混ぜる。
★水温については、P.11のQ&Aを参照。

3 片方のボウルにかぼちゃのマッシュ、両方のボウルに砂糖、強力粉、塩の順に量って加え（a）、ゴムベラで混ぜる。粘度が出てきたらカードに持ち替え、粉気がなくなるまで混ぜる。

4 生地をそれぞれ半分にカットし、交互に重ねる（b）。

5 ラップをして30分室温で休ませたら、濡れた手で生地をボウルのまわりからはがして中央に折りたたむ作業を1周半行って生地をマーブル状にし（c）、生地の上下を返す。

🍥 一次発酵

6 ラップをしてさらに30分室温に置いたら、冷蔵庫の野菜室に入れ、最低6時間〜最長2日置く。

7 2倍以上に膨らんでいたら発酵完了。生地を冷蔵庫から取り出し、30分室温に置く。
★室温25℃以上の場合は室温に戻さず成形する。

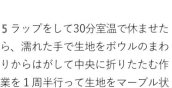

◯ 成形

8 P.27チーズカンパーニュの**7〜11**と同様に成形する。ただし、生地に**1**のレーズンを3回に分けて巻き込む。

🍥 二次発酵

9 ラップをして室温に45分置いて発酵させる。

📟 予熱

10 焼く20分以上前からオーブンに鍋と天板を入れて250℃に予熱する。

⊕ 仕上げ

11 生地の表面に打ち粉（強力粉・分量外）をし、クープを入れる。

📟 焼成

12 オーブンから鍋を取り出し（熱いのでやけどに注意）、オーブンペーパーごと生地を鍋の中に入れ、蓋をして250℃で22分、蓋を外して220℃で約20分焼く。
★20cmは蓋あり25分＆蓋なし22分。22cmは蓋あり25分＆蓋なし25分。

a

b

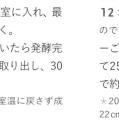
c

ドイツ風ライ麦パン

ライ麦粉を50%配合し、ヨーグルトを入れることでしっとり食べやすい食感に。
くるみやレーズン、キャラウェイシードを入れても合います。薄くスライスしてオープンサンドに。

材料	18cm	20cm	22cm
準強力粉	115g	150g	172g
ライ麦粉	115g	150g	172g
塩	4g	5g	6g
砂糖	6g	8g	9g
ドライイースト	1.5g*	2g	2g
水	120g	155g	180g
ヨーグルト	40g	50g	60g
白胡麻	20g	26g	30g
ひまわりの種	20g	26g	30g
白胡麻(トッピング用)	適量	適量	適量
ライフレーク	適量	適量	適量

＊1.5g=小さじ½

◉ 生地作り

1 ボウルにドライイースト、水、ヨーグルトの順に量り入れてホイッパーで混ぜる。

★水温については、P.11のQ&Aを参照。

2 その上に砂糖、準強力粉、ライ麦粉、塩の順に量って加え、ゴムベラで混ぜる。粘度が出てきたらカードに持ち替え、粉気がなくなるまで混ぜる。最後に白胡麻とひまわりの種を加え均一に混ぜる。

3 ラップをして30分室温で休ませたら、濡れた手で生地をボウルのまわりからはがして中央に折りたたむ作業を1周半行い、生地の上下を返す。

◉ 一次発酵

4 ラップをして生地が約2倍になるまで室温で一次発酵させる。室温25℃だと2時間が目安。30分置いてから冷蔵発酵もできるが、ほかのパンよりも発酵に時間がかかるので、発酵していないときは、2倍になるまで室温に置く。

○ 成形

5 生地の表面に打ち粉(強力粉・分量外)をふって、生地とボウルの間にカードを差し込んで生地をはがし、ボウルを逆さまにして生地を取り出す。

6 周囲から中心に生地を集めて丸めたら、ひっくり返して、生地の表面を張らせるように丸める。ライ麦の入った生地はグルテンがつながりにくく硬いので、表面が破れないように丁寧に丸め(a)、とじ目をつまんでとじる。生地表面に霧吹きをし、ライフレークと白胡麻を入れたバットに生地を入れてまぶす(b)。

7 鍋と同じくらいの大きさのボウルにオーブンペーパーを敷き、とじ目を下にして入れる。

◉ 二次発酵

8 ラップをして室温に1〜1時間半置いて発酵させる。表面が少しひび割れるのが、発酵完了の目安(c)。クープは入れない。

▣ 予熱

9 焼く20分以上前からオーブンに鍋と天板を入れて250℃に予熱する。

▣ 焼成

10 オーブンから鍋を取り出し(熱いのでやけどに注意)、オーブンペーパーごと生地を鍋の中に入れ、蓋をして250℃で22分、蓋を外して230℃で約25分焼く。

★20cmは蓋あり25分＆蓋なし30分。
22cmは蓋あり25分＆蓋なし35分。

a

b

c

ダブルチョコカンパーニュ

生地にチョコレートを練り込んだ、濃厚なチョコパン。
ハートのクープを入れれば、バレンタインギフトにもぴったり。ベリー系のジャムとの相性も抜群です。

材料	18cm	20cm	22cm
強力粉	190g	250g	285g
ライ麦粉	20g	25g	30g
ココアパウダー	20g	25g	30g
塩	4g	5g	6g
砂糖	20g	26g	30g
ドライイースト	0.75g＊	1g	1g
チョコレート(ビター)	40g	52g	60g
牛乳	100g	130g	150g
水	110g	145g	165g
チョコチップ	70g	90g	105g

＊0.75g＝小さじ¼

準備

1 チョコレートは小さく刻んで牛乳とともに小鍋に入れ、沸騰させないように中火にかけ、溶けたら火からおろし、人肌に冷ましておく（a）。

生地作り

2 ボウルにドライイースト、水、**1**の順に量り入れてホイッパーで混ぜる。
★水温については、P.11のQ&Aを参照。

3 その上に砂糖、強力粉、ライ麦粉、ココアパウダー、塩の順に量って加え、ゴムベラで混ぜる。粘度がでてきたらカードに持ち替え、粉気がなくなるまで混ぜる。最後にチョコチップを加え、均一に混ぜる。

4 ラップをして30分室温で休ませたら、濡れた手で生地をボウルのまわりからはがして中央に折りたたむ作業を1周半行い、生地の上下を返す。

一次発酵

5 ラップをしてさらに室温に45分置く（ココア生地は膨らみにくいので長めに発酵時間をとる）。冷蔵庫の野菜室に入れ、最低6時間〜最長2日おく。

6 2倍以上に膨らんでいたら発酵完了。生地を冷蔵庫から取り出し、30分室温に置く。2倍になっていなければそのまま室温に出しておく。

成形

7 生地の表面に打ち粉（強力粉・分量外）をふって、生地とボウルの間にカードを差し込んで生地をはがし、ボウルを逆さまにして生地を取り出す。周囲から中心に生地を集めて丸めたら、ひっくり返して、生地の表面を張らせるように丸める。

8 鍋と同じくらいの大きさのボウルに四隅に切り込みを入れたオーブンペーパーを敷く。再度生地表面を張らせるように丸め直し、とじ目を下にしてボウルに入れる。

二次発酵

9 ラップをして室温に45分置いて発酵させる。

予熱

10 焼く20分以上前からオーブンに鍋と天板を入れて250℃に予熱する。

仕上げ

11 生地の表面に打ち粉（強力粉・分量外）をし、ハートのクープを入れる。クープは想定する形よりやや外側に入れると焼き上がりに綺麗に形が出る（b）。

焼成

12 オーブンから鍋を取り出し（熱いのでやけどに注意）、オーブンペーパーごと生地を鍋の中に入れ、蓋をして250℃で22分、蓋を外して230℃で約22分焼く。
★20cmは蓋あり25分＆蓋なし23分。22cmは蓋あり25分＆蓋なし28分。

a

b

ほうじ茶いちじくホワイトチョコカンパーニュ

ほうじ茶の茶葉とホワイトチョコをたっぷり混ぜ込んだ生地で、いちじくのほうじ茶煮を包みました。
具だくさんでまるでお菓子のようなパンです。

材料	18cm	20cm	22cm
強力粉	230g	300g	345g
ほうじ茶の茶葉(ティーバッグ)	1袋(2g)	1袋(2g)	1½袋(3g)
塩	4g	5g	6g
砂糖	6g	8g	9g
ドライイースト	0.75g＊	1g	1g
水(いちじくほうじ茶煮の煮汁とあわせて)	180g	235g	270g
ホワイトチョコ	60g	80g	90g
いちじくほうじ茶煮			
ドライいちじく	60g	80g	90g
ほうじ茶(ティーバッグ)	1袋	1袋	1袋
砂糖	20g	25g	30g
水	100g	130g	150g

＊0.75g＝小さじ¼

準備

1 いちじくのほうじ茶煮を作る。ドライいちじくを半分に切り、ほかの材料とともに小鍋に入れ、火にかける。沸騰したら中火にし、10分煮たら火をとめ、そのまま冷まし、煮汁はとっておく(a)。ホワイトチョコは1cm角にカットしておく。

🥣 生地作り

2 ボウルにドライイースト、1の煮汁、水の順に量り入れてホイッパーで混ぜる。

★水温については、P.11のQ&Aを参照。

3 その上に砂糖、強力粉、ほうじ茶の茶葉、塩の順に量って加え、ゴムベラで混ぜる。粘度が出てきたらカードに持ち替え、粉気がなくなるまで混ぜる。最後にホワイトチョコを加え均一に混ぜる(b)。

4 ラップをして30分室温で休ませたら、濡れた手で生地をボウルのまわりからはがして中央に折りたたむ作業を1周半行い、生地の上下を返す。

🥣 一次発酵

5 ラップをしてさらに30分室温に置いたら、冷蔵庫の野菜室に入れ、最低6時間～最長2日置く。

6 2倍以上に膨らんでいたら発酵完了。生地を冷蔵庫から取り出し、30分室温に置く。

★室温25℃以上の場合は室温に戻さず成形する。

⭕ 成形

7 生地の表面に打ち粉(強力粉・分量外)をふって、生地とボウルの間にカードを差し込んで生地をはがし、ボウルを逆さまにして生地を取り出す。周囲から中心に生地を集めて丸めたら、ひっくり返して、生地の表面を張らせるように丸める。

8 鍋と同じくらいの大きさのボウルに四隅に切り込みを入れたオーブンペーパーを敷く。

9 とじ目を上にして生地を平らにし、P.27 **10**と同様にいちじくのほうじ茶煮を3回に分けて巻き込む(c)。とじ目をつまんでとじ、とじ目を下にして**8**のボウルに入れる。

🥣 二次発酵

10 ラップをして室温に45分置いて発酵させる。

予熱

11 焼く20分以上前からオーブンに鍋と天板を入れて250℃に予熱する。

➕ 仕上げ

12 生地の表面に打ち粉(強力粉・分量外)をし、クープを入れる。

焼成

13 オーブンから鍋を取り出し(熱いのでやけどに注意)、オーブンペーパーごと生地を鍋の中に入れ、蓋をして250℃で22分、蓋を外して230℃で約22分焼く。

★20cmは蓋あり25分&蓋なし23分。22cmは蓋あり25分&蓋なし28分。

a

b

c

杏ローズマリーカンパーニュ

ドライアプリコットを混ぜた生地は、ふわりと香るフレッシュなローズマリーが
アクセントに。そのまま食べても良いですし、お肉料理にも合う組み合わせです。

材料	18cm	20cm	22cm
基本のカンパーニュの生地(P.16)			
ドライアプリコット	50g	65g	75g
ローズマリー	3枝	4枝	4½枝

準備

1 ドライアプリコットはざっと熱湯を
かけて水気をきり、半分に切る(a)。

🍲 生地作り〜 🍞 焼成

2 P.16基本のカンパーニュの**1〜44**
と同様に作る。ただし、生地を作る
とき、粉気がなくなるまで混ぜたら、
最後にドライアプリコットとローズ
マリーの葉の部分を加え均一に混ぜ
る(b)。

a

b

紅茶クランベリーマンゴーカンパーニュ

香り高いアールグレイとフルーツは相性抜群。クランベリーとマンゴーの2種類の
ドライフルーツを使いました。誰にでも喜ばれるパンなので、私の手土産の定番です。

材料	18cm	20cm	22cm
強力粉	200g	260g	300g
ライ麦粉	30g	40g	45g
塩	4g	5g	6g
砂糖	6g	8g	9g
アールグレイ茶葉(ティーバッグ)	1袋(2g)	1袋(2g)	1½袋(3g)
ドライイースト	0.75g*	1g	1g
水	185g	240g	275g
ドライクランベリー	40g	50g	60g
ドライマンゴー	25g	30g	35g

＊0.75g=小さじ¼

準備

1 ドライマンゴーは一口大にカット
し、ドライクランベリーと合わせて
おく(a)。

🍲 生地作り〜 🍞 焼成

2 P.16〜基本のカンパーニュの**1〜
44**と同様に作る。ただし、生地を
作るとき、強力粉とともにアールグ
レイ茶葉を加えて混ぜ、粉気がなく
なったらドライマンゴーとドライク
ランベリーを加え均一に混ぜる。

a

パン・ド・ロデヴ

南フランスのロデヴという町周辺で作られているパン。生地に水分が多く入った、気泡たっぷりの内層が特徴。
本来はルヴァン(酵母)で作りますがイーストで手軽にアレンジしました。

材料	18cm	20cm	22cm
準強力粉	210g	274g	315g
全粒粉	10g	13g	15g
ライ麦粉	10g	13g	15g
塩	4.5g	6g	7g
砂糖	6g	8g	9g
ドライイースト	0.75g*	1g	1g
水	200g	260g	300g

*0.75g=小さじ¼

生地作り

1 水分を多く入れるため、粉と水を先に合わせておいてグルテンを引き出しておく(オートリーズ法)。粉全量と水180g(20cmは230g、22cmは270g)をボウルに合わせてゴムベラで混ぜ、ラップをして室温に置いて30分以上休ませる。

☆暑い時期は冷蔵庫に入れる。最長24時間まで置くことができる。

2 イーストを残りの水に溶き、**1**に加えて手で練り込むように混ぜる(a)。混ざったら塩、砂糖を加え、3分ほど折りたたむようにして完全に馴染ませる(b)。

3 ラップをして室温に置き、20分おきに2回パンチして、生地をつなげる。濡れた手で生地をボウルのまわりからはがして中央に折りたたむ作業を1周半行う。ゆるい生地なので上下を返さなくてもよい。

一次発酵

4 ラップをしてさらに20分室温に置いたら、冷蔵庫の野菜室に入れ、最低6時間〜最長2日置く。

5 2倍以上に膨らんでいたら発酵完了。生地を冷蔵庫から取り出し、30分室温に置く。

☆室温25°C以上の場合は室温に戻さず成形する。

成形

6 生地の表面に打ち粉(強力粉・分量外)をふって、生地とボウルの間にカードを差し込んで生地をはがし、ボウルを逆さまにして生地を取り出す。

7 周囲から中心に生地を集めて丸めたら、ひっくり返して、生地の表面を張らせるように丸める。

8 鍋と同じくらいの大きさのボウルに四隅に切り込みを入れたオーブンペーパーを敷く。

9 再度生地の表面を張らせるように丸め直し、とじ目をつまんでとじ、とじ目を下にして**8**のボウルに入れる。

二次発酵

10 ラップをして室温に45分置いて発酵させる。

予熱

11 焼く20分以上前からオーブンに鍋と天板を入れて250°Cに予熱する。

仕上げ

12 生地の表面に打ち粉(強力粉・分量外)をし、クープを入れる。

焼成

13 オーブンから鍋を取り出し(熱いのでやけどに注意)、オーブンペーパーごと生地を鍋の中に入れ、蓋をして250°Cで22分、蓋を外して230°Cで約25分焼く。

☆20cmは蓋あり25分&蓋なし28分。22cmは蓋あり25分&蓋なし32分。

a

b

じゃがいもブルーチーズカンパーニュ

じゃがいもを練りこんだもちもち食感の生地に、ブルーチーズをたっぷり入れました。
ワインにも合う、大人味のカンパーニュです。

材料	18cm	20cm	22cm
強力粉	230g	300g	345g
塩	4g	5g	6g
砂糖	6g	8g	9g
ドライイースト	0.75g＊	1g	1g
水	180g	234g	270g
じゃがいも（皮つき）	150g	200g	225g
ブルーチーズ	40g	52g	60g

＊0.75g＝小さじ¼

準備

1 じゃがいもは、よく洗い、皮つきのままラップに包み、電子レンジの600Wで2分半（20cmは3分、22cmは3分半）加熱し、粗熱をとる。皮をむいてフォークでかたまりが残る程度に粗く潰す（a）。

生地作り

2 ボウルにドライイースト、水の順に量り入れてホイッパーで混ぜる。
★水温については、P.11のQ&Aを参照。

3 じゃがいも、砂糖、強力粉、塩の順に量って加え（b）、ゴムベラで混ぜる。粘度がでてきたらカードに持ち替え、粉気がなくなるまで混ぜる。

4 ラップをして30分室温で休ませたら、濡れた手で生地をボウルのまわりからはがして中央に折りたたむ作業を1周半行う。生地の上下を返す。

一次発酵

5 ラップをしてさらに30分室温に置いたら、冷蔵庫の野菜室に入れ、最低6時間～最長2日置く。

6 2倍以上に膨らんでいたら発酵完了。生地を冷蔵庫から取り出し、30分室温に置く。
★室温25℃以上の場合は室温に戻さず成形する。

成形

7 生地の表面に打ち粉（強力粉・分量外）をふって、生地とボウルの間にカードを差し込んで生地をはがし、ボウルを逆さまにして生地を取り出す。

8 周囲から中心に生地を集めて丸めたら、ひっくり返して、生地の表面を張らせるように丸める。

9 鍋と同じくらいの大きさのボウルに四隅に切り込みを入れたオーブンペーパーを敷く。

10 生地のとじ目を上にして置いて平たくし、P.27チーズカンパーニュの10と同様に細かくちぎったブルーチーズを3回に分けて生地に巻き込む。とじ目をつまんでとじ、とじ目を下にして9のボウルに入れる。

二次発酵

11 ラップをして常温で45分おいて発酵させる。

予熱

12 焼く20分以上前からオーブンに鍋と天板を入れて250℃に予熱する。

仕上げ

13 生地の表面に打ち粉（強力粉・分量外）をし、クープを入れる。

焼成

14 オーブンから鍋を取り出し（熱いのでやけどに注意）、オーブンペーパーごと生地を鍋の中に入れ、蓋をして250℃で22分、蓋を外して230℃で約22分焼く。
★20cmは蓋あり25分＆蓋なし23分。22cmは蓋あり25分＆蓋なし28分。

a

b

カンパーニュアレンジ

カンパーニュを使ったアレンジレシピをご紹介。
このためにカンパーニュを焼きたくなるおいしさです。

プルアパートブレッド

カンパーニュに格子状の切り込みを入れ、具材を挟んでリベイクしたパーティーアレンジ。
定番のベーコン＆パセリと、あまじょっぱいメープルナッツの2種類をご紹介します。

メープルナッツ
材料

カンパーニュ	18 or 20 cm 1個
クリームチーズ	100g
バター	30g
ローストナッツ	30g
メープルシロップ	大さじ3

＊22cmは1.5倍量にする。

作り方

1 カンパーニュに、ナイフで底が切れない程度の深い格子状の切り込みを入れる。

2 バターとクリームチーズは室温に戻し、メープルシロップ大さじ1と混ぜておく。

3 カンパーニュの切り込みにまんべんなく**2**を塗り込み、ナッツを挟む。

4 鍋に入れ、220℃のオーブンで蓋をして8分、蓋を外して8分焼く。焼き上がりにメープルシロップ大さじ2をかける。

ベーコン＆パセリ
材料

カンパーニュ	18 or 20 cm 1個
ベーコン	50g
シュレッドチーズ	70g
バター	40g
塩	小さじ¼
にんにく（すりおろし）	小さじ1
パセリ（みじん切り）	小さじ2

＊22cmは1.5倍量にする。

作り方

1 カンパーニュに、ナイフで底が切れない程度の深い格子状の切り込みを入れる。

2 バターは室温に戻し、塩、にんにく、パセリと混ぜてにんにくバターを作る。ベーコンは2cm幅の短冊切りにする。

3 カンパーニュの切り込みにまんべんなくにんにくバターを塗り込み、ベーコンとシュレッドチーズを挟む。

4 鍋に入れ、220℃のオーブンで蓋をして8分、蓋を外して8分焼く。

オニオングラタンスープ

こっくりと煮込んだスープにカンパーニュを浮かべたら、
溶けるチーズをたっぷりかけて。スープをじゅわっと吸った
カンパーニュが絶品です。熱々のまま取り分けて召し上がれ。

材料（18cmの鍋を使用）

カンパーニュ	90g（18cm ¼個）
玉ねぎ	大1個
バター	10g
白ワイン	¼カップ
水	3カップ
コンソメ（顆粒）	5g
塩	小さじ⅓
シュレッドチーズ	50g

作り方

1 カンパーニュは、薄く切ってトースターでカリっとするまで焼く。玉ねぎは薄切りにする。

2 鍋を中火にかけ、バターを入れ、玉ねぎがあめ色になるまで炒める。

3 白ワインを加えて煮立てたら、水、コンソメ、塩を加えて煮立てる。

4 3にカンパーニュを浮かべ、上にシュレッドチーズをかける。220℃のオーブンで蓋をせずに15分焼き、チーズが溶けたら完成。好みで黒胡椒をふる。

パンプディング

硬くなったパンも美味しく変身。好きなフルーツを入れて
一緒に焼いても◎。熱々より冷めた方が美味しい。
かぼちゃラムレーズンカンパーニュを使って作るのもお気に入り。

材料（18cmの鍋を使用）

カンパーニュ	90g（18cm ¼個）
卵	2個
砂糖	30g
牛乳	200g
ラム酒	小さじ1
粉砂糖	適量
バター	適量

作り方

1 カンパーニュは2〜3cm角に切る。鍋の内側に薄くバターを塗っておく。

2 卵・砂糖・牛乳・ラム酒をボウルに入れてホイッパーで混ぜ合わせたら、鍋に入れ、カンパーニュの皮面を上にして並べる。

3 30分以上置いて卵液がカンパーニュに染み込んだら、220℃に予熱したオーブンで蓋をせずに20分焼く。粗熱がとれたら粉砂糖をかける。

基本のミルクパン
作り方→P.50

丸型の成形
作り方→P.52

part2
やわらか系パン

ストウブはやわらかいパンを焼くのも得意。
オイルと牛乳を加えて作る生地は、
鍋に入れて焼くことで火の当たりがやわらかくなり、
しっとりふわふわに焼き上がります。

ちぎり型の成形
作り方→P.54

基本のミルクパン

こねずに手軽にできる基本のミルクパンは、ベーシックでいろいろな具材に合わせやすい味。
丸型とちぎり型、成形が違う2種類を作ってみましょう。

材料	18cm	20cm	22cm
強力粉	200g	260g	300g
塩	3g	4g	5g
砂糖	20g	26g	30g
ドライイースト	2g	2.5g	3g
A 水	50g	65g	75g
牛乳	100g	130g	150g
オイル	10g	13g	15g

 生地作り

1 材料を用意する。
★それぞれ量って用意してもいいが、慣れて
きたら量りにボウルをのせ、材料を量りなが
ら加えていくと、洗い物が少なくてラク。

2 ボウルにドライイーストを量り入
れる。

3 Aを量って加える。
★水温については、P.11のQ&Aを参照。

4 ホイッパーでドライイーストを溶
かすように混ぜる。
★完全に溶け切らなくてもざっと混ざれば大
丈夫。

5 砂糖、強力粉、塩を順に量り入れる。

6 ゴムベラで混ぜる。

7 粘度がで出てきたらカードに持ち替えて、粉気がなくなるまで3分ほど混ぜる。

8 ラップをして、室温に置いて30分休ませる。

9 濡れた手で生地をまわりからはがして持ち上げ、中央に折りたたむ。この作業をボウルに沿って1周半行う。
★この作業をパンチと呼び、生地のグルテンを強化して膨らみを良くする効果がある。

 一次発酵

10 なめらかな面が上になるように生地をひっくり返す。

11 ラップをして、さらに30分室温で休ませたら、生地の高さにマスキングテープなどで印をつけ、冷蔵庫の野菜室に入れて 最低6時間〜最長2日置く。
★室温で一次発酵させて当日焼く場合は、P.10のQ&Aを参照。

12 2倍以上に膨らんでいたら発酵完了。生地を冷蔵庫から取り出し 、30分室温に置く。
★あまり膨らんでいなければ室温に置いたまま膨らむのを待つ。

○ 成形

13 生地の表面に打ち粉(強力粉・分量外)をふり、生地とボウルの間にカードを1周差し込んで生地をはがす。

14 ボウルを逆さにし、指やカードで助けながら、やさしく生地を取り出す。

生地の状態

◯ 丸型の成形

15 取り出した生地を成形する。

16 まわりから中心に向かって折りたたむようにしてまとめていく。

17 まとめ終わったところ。

18 生地をひっくり返す。

19 両手を使って、表面の生地を下に入れ込むようにしながら生地を丸めていく。

20 生地を少しずつ回転させながら表面を張らせるように丸め、その場で一旦休ませる。

準備

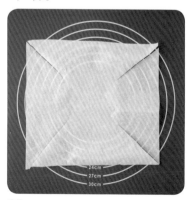

21 鍋よりひとまわり大きく切ったオーブンペーパーの四隅から、中心に向かって切り込みを入れる。

22 鍋にオーブンペーパーを敷く。

23 再度下に入れ込むようにして丸め、表面に張りをだす。表面を張らせることで生地がきれいな形に焼き上がる。

24 生地をひっくり返し、とじ目をつまんでとじる。

25 鍋に敷いたオーブンペーパーの上に生地のとじ目を下にして入れる。

26 生地表面をやさしく手で押して平らにし、鍋の隅々まで行き渡るようにする。

二次発酵 予熱 ⊕ 仕上げ

27 オーブンの発酵機能35℃で50分、庫内で二次発酵させる。ひとまわり大きくなったら鍋を取り出す。

28 オーブンに天板を1枚入れ、200℃に予熱する。

29 生地の表面に溶き卵（分量外、なければ牛乳）を刷毛で塗る。

焼成 焼き上がり

30 オーブンに鍋を入れ、蓋をせずに180℃で20分焼く。
★20cmは23分。22cmは26分。

31 鍋をオーブンから出し、オーブンシートの端を持ってパンを取り出し、網の上にのせて冷ます。

◯ ちぎり型の成形

15 取り出した生地の表面に軽く打ち粉(強力粉・分量外)をふる。

16 カードで6分割にする。

17 カットした生地をそれぞれ量り、1個約63g程度になるように調整する。
★20cmは約82g、22cmは約95gにする。

18 パンこねマットに面したほうが表になるようにして、生地の表面を張らせるように丸める。

19 ひっくり返してとじ目をつまんで閉じる。同様に残りの生地も丸める。

準備

20 鍋よりひとまわり大きく切ったオーブンペーパーの四隅に切り込みを入れ、鍋に敷く。
★オーブンペーパーの切り方は丸型を参照。

21 再度表面を張らせるように生地を丸め直し、ひっくり返してとじ目をつまんでとじる。

22 鍋の中心に生地を1個置く。

23 中心に置いた生地のまわりに、残りの生地5個を並べる。

二次発酵

24 オーブンの発酵機能35℃で50分、庫内で二次発酵させる。ひとまわり大きくなったら鍋を取り出す。

25 二次発酵後の生地。

予熱

26 オーブンに天板を1枚入れて200℃に予熱する。

仕上げ

27 生地の表面に、茶こしで打ち粉（強力粉・分量外）をふる。

焼成

28 オーブンに鍋を入れ、蓋をせずに180℃で20分焼く。
★20cmは23分。22cmは26分。

焼き上がり

29 鍋をオーブンから出し、オーブンシートの端を持ってパンを取り出し、網の上にのせて冷ます。

ちぎりあんパン

基本のミルクパン生地はあんことも相性抜群。こしあんを包んでちぎりあんパンにしました。表面に溶き卵を塗ることで、つやと焼き色がつき、あんパンらしい見た目に。

材料	18cm	20cm	22cm
強力粉	150g	200g	225g
塩	3g	3g	4g
砂糖	15g	20g	22g
ドライイースト	1.5g*	2g	2g
A 水	35g	50g	55g
牛乳	75g	100g	110g
オイル	8g	10g	12g
こしあん	150g	200g	220g
白胡麻	適量	適量	適量

＊1.5g＝小さじ½

◯ 生地作り～ ◯ 成形

1 P.50基本のミルクパンの**1**～**14**と同様に生地を作る。

2 カードで生地を取り出し、6等分して丸める。とじ目を上にして生地を薄く伸ばし（中心を少し厚く、まわりを薄くする）、こしあんを⅙ずつ乗せて包み（a）、とじ目をつまんでとじ（b）、とじ目を下にして鍋に並べる。

◎ 二次発酵～ 回 予熱

3 オーブンの発酵機能35℃で50分二次発酵させて取り出し、天板を入れて200℃に予熱する。

⊕ 仕上げ

4 表面に溶き卵（分量外）を刷毛で塗り、中心に白胡麻をのせる。

回 焼成

5 オーブンを180℃に設定し、蓋をせずに20分焼く。

★20cmは23分、22cmは26分。

a　b

ちぎり塩バターパン

人気の塩パンも、鍋を使って焼くと流れ出たバターも逃しません。バターが染み込んだ生地にさりげない塩気がクセになります。

材料	18cm	20cm	22cm
基本のミルクパン生地（P.50）			
有塩バター	60g	70g	90g
粗塩	適量	適量	適量

準備

1 有塩バターは、6分割し、ラップに包んで冷蔵庫で冷やしておく。

◯ 生地作り～ ◯ 成形

2 P.50基本のミルクパンの**1**～**14**と同様に生地を作り、ちぎりあんパンと同様に成形し、鍋に並べる。ただし、バターを⅙ずつ包む。

◎ 二次発酵～ 回 予熱

3 オーブンの発酵機能35℃で50分二次発酵させて取り出し、天板を入れて230℃に予熱する。

⊕ 仕上げ

4 それぞれの生地の中央に、ひとつまみずつ粗塩をのせる。

回 焼成

5 オーブンを210℃に設定し、蓋をせずに20分焼く。

★20cmは23分。22cmは26分。

チーズフォンデュパン

チーズを2回に分けて入れることで、チーズが硬くなりすぎずトロトロに。
基本の生地の砂糖を少し減らして食事に合う生地にしました。パンを取るときは熱いのでフォークなどを利用して。

材料	18cm	20cm	22cm
強力粉	150g	200g	225g
塩	3g	3g	4g
砂糖	8g	10g	12g
ドライイースト	1.5g＊	2g	2g
A 水	35g	50g	55g
牛乳	75g	100g	110g
オイル	8g	10g	12g
シュレッドチーズ	120g	160g	180g
牛乳	15g	20g	22g
にんにく(すりおろし)	少々	少々	少々

＊1.5g=小さじ½

🍥 生地作り

1 ボウルにドライイースト、Aの順に量り入れ、ホイッパーで混ぜる。
★水温については、P.11のQ&Aを参照。
2 砂糖、強力粉、塩の順に量り入れ、ゴムベラで混ぜる。粘度が出てきたらカードに持ち替え、粉気がなくなるまで混ぜる。
3 ラップをして30分室温で休ませたら、濡れた手で生地をボウルのまわりからはがして中央に折りたたむ作業を1周半行い、生地の上下を返す。

🍥 一次発酵

4 ラップをして30分室温で休ませたら、冷蔵庫の野菜室に入れて 最低6時間〜最長2日置く。
5 2倍以上に膨らんでいたら発酵完了。生地を冷蔵庫から取り出し30分室温に置く。

○ 成形

6 生地の表面に打ち粉(強力粉・分量外)をふり、生地とボウルの間にカードを差し込んで生地をはがし、ボウルを逆さにして生地をやさしく取り出す。
7 生地を10分割して丸める。
8 四隅に切り込みを入れたオーブンペーパーを鍋に敷き、再度生地表面を張らせるように丸め直し、とじ目をつまんでとじる。中心をあけて、とじ目を下にして並べる(a)。

🍥 二次発酵

9 オーブンの発酵機能35℃で40分、庫内で二次発酵させる。ひとまわり大きくなったら鍋を取り出す。

📱 予熱

10 オーブンに天板を入れて200℃に予熱する。

🍲 焼成

11 中心にシュレッドチーズの半量を詰め、オーブンを180℃に設定し、蓋をせずに18分焼く。
★20cmは22分。22cmは25分。

⊕ 仕上げ

12 小鍋に残りのシュレッドチーズと牛乳、にんにくを入れて中火にかけゴムべらで混ぜ、チーズが溶けたら、焼き上がったパンの中央に入れるようにかけて完成(b)。

a

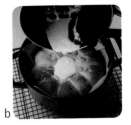
b

黒糖レーズンパン

黒糖のコクとレーズンは相性抜群。
黒糖パンの色づけなどによく使われるモラセスシロップを加えることで、しっかりとした色と風味が出ます。

材料	18cm	20cm	22cm
強力粉	200g	260g	300g
塩	3g	4g	5g
ドライイースト	2g	2.5g	3g
A モラセスシロップ	15g	20g	22g
黒糖	25g	32g	37g
牛乳	135g	175g	200g
オイル	10g	13g	15g
ドライレーズン	50g	65g	75g

準備

1 レーズンは熱湯をかけて戻し、水気をきっておく。黒糖はかたまりがあればなるべく細かくして牛乳に溶いておく。

生地作り

2 ボウルにドライイースト、Aの順に量り入れ、ホイッパーで混ぜる（a）。
★水温については、P.11のQ&Aを参照。

3 強力粉、塩を順に量り入れ、ゴムベラで混ぜる。粘度が出てきたらカードに持ち替え、粉気がなくなるまで混ぜたら、最後にレーズンを入れて均一に混ぜる（b）。

4 ラップをして30分室温に休ませたら、濡れた手で生地をボウルのまわりからはがして中央に折りたたむ作業を1周半行い、生地の上下を返す。

一次発酵

5 ラップをしてさらに30分室温で休ませたら、冷蔵庫の野菜室に入れて最低6時間〜最長2日置く。

6 2倍以上に膨らんでいたら発酵完了。生地を冷蔵庫から取り出し30分室温に置く。

成形

7 生地の表面に打ち粉（強力粉・分量外）をふり、生地とボウルの間にカードを差し込んで生地をはがし、ボウルを逆さにして生地をやさしく取り出す。

8 生地を4分割して丸める。

9 四隅に切り込みを入れたオーブンペーパーを鍋に敷き、再度表面を張らせるように丸め直し、とじ目をつまんでとじ、とじ目を下にして鍋に並べる。

二次発酵

10 オーブンの発酵機能35℃で50分、庫内で二次発酵させる。ひとまわり大きくなったら鍋を取り出す。

予熱

11 オーブンに天板を入れて200℃に予熱する。

焼成

12 生地の表面に打ち粉（強力粉・分量外）をふる。オーブンを180℃に設定し、蓋をせずに20分焼く。
★20cmは23分。22cmは26分。

モラセスシロップは、サトウキビやテンサイから砂糖を精製するときにできる糖蜜。

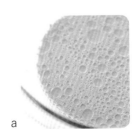

a

b

コーンパン

コーン缶を汁ごと使った、コーンの甘みがたっぷり詰まったパン。
コーンの実は、水分をしっかり切ってから混ぜないと生地がゆるくなってしまうので注意しましょう。

材料		18cm	20cm	22cm
強力粉		200g	260g	300g
塩		3g	4g	5g
砂糖		20g	26g	30g
ドライイースト		2g	2.5g	3g
コーン缶(使用固形量)		1缶(80g)	1缶(105g)	1缶半(120g)
A	牛乳(コーン缶の汁と合わせて)	125g	160g	185g
	オイル	10g	13g	15g

準備

1 コーン缶はざるにあげ、実と汁に分け、実の水分をしっかりきっておく(a)。

★汁はとっておく。

🥣 生地作り

2 ボウルにドライイースト・Aの順に量り入れ、ホイッパーで混ぜる。

★水温については、P.11のQ&Aを参照。

3 砂糖、強力粉、塩を順に量り入れ、ゴムベラで混ぜる。粘度が出てきたらカードに持ち替え、粉気がなくなるまで混ぜる。最後にコーンを練り込むようにして均一に混ぜる。

4 ラップをして30分室温で休ませたら、濡れた手で生地をボウルのまわりからはがして中央に折りたたむ作業を1周半行い、生地の上下を返す。

🥣 一次発酵

5 ラップをしてさらに30分室温で休ませたら、冷蔵庫の野菜室に入れて最低6時間〜最長2日置く。

6 2倍以上に膨らんでいたら発酵完了。生地を冷蔵庫から取り出し30分室温に置く。

◯ 成形

7 生地の表面に打ち粉(強力粉・分量外)をふり、生地とボウルの間にカードを差し込んで生地をはがし、ボウルを逆さにして生地をやさしく取り出す。

8 まわりから中心に向かって折りたたむようにしてまとめ、ひっくり返し、生地の表面を張らせるように丸める。

9 四隅に切り込みを入れたオーブンペーパーを鍋に敷き、再度生地を丸めて表面を張らせ、とじ目をつまんでとじ、とじ目を下にして鍋に入れる。

10 生地表面を手で押して平らにし、鍋の隅々まで生地が行き渡るようにする。

🥣 二次発酵

11 オーブンの発酵機能35℃で50分、庫内で二次発酵させる。ひとまわり大きくなったら鍋を取り出す。

予熱

12 オーブンに天板を入れて200℃に予熱する。

焼成

13 生地の表面に打ち粉(強力粉・分量外)をふる。オーブンを180℃に設定し、蓋をせずに20分焼く。

★20cmは23分。22cmは26分。

a

くるみとカマンベールチーズのパン

カマンベールチーズをくるみ入りの生地でまるごと包んだ贅沢なパン。
三角形に成形して、形もカマンベールチーズを意識しました。

材料	18cm	20cm	22cm
強力粉	180g	235g	270g
全粒粉	20g	25g	30g
塩	3g	4g	5g
砂糖	15g	20g	22g
ドライイースト	2g	2.5g	3g
A 水	130g	170g	195g
オイル	10g	13g	15g
くるみ	40g	50g	60g
カマンベールチーズ	1個(100g)	1個(100g)	1½個(150g)

準備

1 カマンベールチーズは6等分しておく。くるみは170℃のオーブンで8分ローストしてから冷まし、手で小さく砕いておく。

🥣 生地作り

2 ボウルにドライイースト、Aの順に量り入れ、ホイッパーで混ぜる。
★水温については、P.11のQ&Aを参照。

3 砂糖、強力粉、全粒粉、塩を順に量り入れ、ゴムベラで混ぜる。粘度が出てきたらカードに持ち替え、粉気がなくなるまで混ぜる。最後にくるみを均一に混ぜる。

4 ラップをして30分室温で休ませたら、濡れた手で生地をボウルのまわりからはがして中央に折りたたむ作業を1周半行い、生地の上下を返す。

🥣 一次発酵

5 ラップをしてさらに30分室温で休ませたら、冷蔵庫の野菜室に入れて最低6時間～最長2日置く。

6 2倍以上に膨らんでいたら発酵完了。生地を冷蔵庫から取り出し30分室温に置く。

○ 成形

7 生地の表面に打ち粉(強力粉・分量外)をふり、生地とボウルの間にカードを差し込み、ボウルを逆さにして生地をやさしく取り出す。

8 生地は6分割して丸める。

9 鍋に四隅に切り込みを入れたオーブンペーパーを敷く。とじ目を上にして生地を平らにし、カマンベールチーズ⅙個をのせ、チーズの形に沿って三角に包んでとじ目をつまんでとじ(a)、鍋に並べる(b)。

🥣 二次発酵

10 オーブンの発酵機能35℃で50分、庫内で二次発酵させる。ひとまわり大きくなったら鍋を取り出す。

📟 予熱

11 オーブンに天板を入れて200℃に予熱する。

🍞 焼成

12 生地の表面に打ち粉(強力粉・分量外)をふる。オーブンを180℃に設定し、蓋をせずに20分焼く。
★20cmは23分。22cmは26分。

a

b

モンキーブレッド

モンキーブレッドは、アメリカ発祥のちぎりパン。小さく丸めた生地を型に詰めシロップで生地をくっつけます。
ひっくり返してお皿に出し、みんなでちぎって召し上がれ。

材料	18cm	20cm	22cm
強力粉	140g	180g	210g
塩	2.5g	3g	3.5g
砂糖	14g	18g	20g
ドライイースト	1.5g＊	2g	2g
A 水	35g	45g	50g
牛乳	70g	90g	105g
オイル	7g	8g	9g
バナナ	1本	大1本	1½本
くるみ	30g	40g	45g
黒糖	45g	60g	65g
シナモンパウダー	2g	2.5g	3g

＊1.5g＝小さじ½

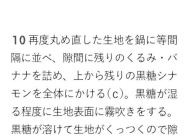

準備

1 くるみは170℃で8分ローストして冷ましておく。黒糖とシナモンパウダーは混ぜ合わせておく。

生地作り

2 ボウルにドライイースト、Aの順に量り入れ、ホイッパーで混ぜる。
★水温については、P.11のQ&Aを参照。
3 砂糖、強力粉、塩を順に量り入れ、ゴムベラで混ぜる。粘度が出てきたらカードに持ち替え、粉気がなくなるまで混ぜる。
4 ラップをして30分室温で休ませたら、濡れた手で生地をボウルのまわりからはがして中央に折りたたむ作業を1周半行い、生地の上下を返す。

一次発酵

5 ラップをしてさらに30分室温で休ませたら、冷蔵庫の野菜室に入れて最低6時間〜最長2日置く。
6 2倍以上に膨らんでいたら発酵完了。生地を冷蔵庫から取り出し30分室温に置く。

成形

7 生地の表面に打ち粉（強力粉・分量外）をふり、生地とボウルの間にカードを差し込んで生地をはがし、ボウルを逆さにして生地をやさしく取り出す。
8 生地は長方形に整えてから横長になるように半分に切り、約20gに分割し（a）、丸める。

二次発酵

9 バナナは縦半分に切ってから1cm幅に切る。鍋にオーブンペーパーを敷き、底面に刷毛で室温に戻したバター（分量外）を塗ったら、くるみ、バナナ、それぞれ半量と黒糖シナモン⅓量を散らす（b）。

10 再度丸め直した生地を鍋に等間隔に並べ、隙間に残りのくるみ・バナナを詰め、上から残りの黒糖シナモンを全体にかける（c）。黒糖が湿る程度に生地表面に霧吹きをする。黒糖が溶けて生地がくっつくので隙間なく敷き詰めるのがポイント。
11 オーブンの発酵機能35℃で50分、庫内で二次発酵させる。ひとまわり大きくなったら鍋を取り出す。

予熱

12 オーブンに天板を入れて200℃に予熱する。

焼成

13 オーブンを180℃に設定し、蓋をせずに22分焼く。
★20cmは25分。22cmは28分。

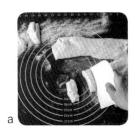
a

b

c

プレーンフォカッチャ
作り方→P.70

山椒フォカッチャ
作り方→P.71

トマトフォカッチャ
作り方→P.71

プレーンフォカッチャ

鍋で作るなら、ぜひ高加水の生地のフォカッチャにチャレンジしてみてください。
生地がだれずに焼けて、水分も飛びすぎないのでしっとりモチモチの食感に仕上がります。

材料	18cm	20cm	22cm
強力粉	130g	170g	200g
塩	2.5g	3g	4g
砂糖	6g	8g	9g
ドライイースト	1g	1.5g＊	1.5g＊
A 水	100g	130g	150g
オリーブオイル	6g	8g	9g
トッピング			
粗塩	適量	適量	適量
ローズマリー	1枝	1枝	1½枝
オリーブオイル(仕上げ用)	適量	適量	適量

＊1.5g＝小さじ½

🫕 生地作り

1 ボウルにドライイースト、Aの順に量り入れ、ホイッパーで混ぜる。
★水温については、P.11のQ&Aを参照。
2 砂糖、強力粉、塩を順に量り入れ、ゴムベラで粉気がなくなるまで混ぜる。
3 ラップをして30分室温で休ませたら、濡れた手で生地をボウルのまわりからはがして中央に折りたたむ作業を1周半行い、生地の上下を返す。

🫕 一次発酵

4 ラップをしてさらに30分室温で休ませたら、冷蔵庫の野菜室に入れて最低6時間〜最長2日置く。
5 2倍以上に膨らんでいたら発酵完了。生地を冷蔵庫から取り出し30分室温に置く。

⭕ 成形

6 生地の表面に打ち粉(強力粉・分量外)をふり、生地とボウルの間にカードを差し込んで生地をはがし、ボウルを逆さにして生地をやさしく取り出す。
7 まわりから中心に向かって折りたたむようにしてまとめ、とじ目をつまんでとじる。
8 四隅に切り込みを入れたオーブンペーパーを鍋に敷き、**7**をとじ目を下にして鍋に入れる。生地表面を手で押して鍋の隅々まで生地が行き渡るように平らにする(a)。

🫕 二次発酵

9 オーブンの発酵機能35℃で50分、庫内で二次発酵させる。ひとまわり大きくなったら鍋を取り出す。

🔲 予熱

10 オーブンに天板を入れて220℃に予熱する。

⊕ 仕上げ

11 オリーブオイル(仕上げ用)を生地表面に塗り、全体に指が底につく深さの穴をあける(b)。穴に差し込むようにローズマリーを入れ(c)、全体に粗塩をふる。

🍲 焼成

12 オーブンを200℃に設定し、蓋をせずに20分焼く。焼き上がりにオリーブオイル(仕上げ用)をかける。
★20cmは22分。22cm鍋は25分。

a

b

c

トマトフォカッチャ

トマトジュースを水分にして仕込んだ、鮮やかな赤いフォカッチャです。上にトッピングしたプチトマトがジューシー！ホームパーティーのときに作れば歓声があがりそう。

材料	18cm	20cm	22cm
強力粉	130g	170g	200g
塩	2.5g	3g	4g
砂糖	6g	8g	9g
ドライイースト	1g	1.5g*	1.5g*
A トマトジュース(食塩無添加)	105g	136g	157g
トマトケチャップ	5g	7g	8g
オリーブオイル	5g	7g	8g
乾燥バジル	小さじ1	小さじ1強	小さじ1½
プチトマト	6個	8個	9個
粗塩	適量	適量	適量
オリーブオイル(仕上げ用)	適量	適量	適量

＊1.5g＝小さじ½

🍳 生地作り〜 🔲 予熱
1 プレーンフォカッチャの**1〜10**と同様に作る。ただし、粉類を混ぜる際に乾燥バジルを加える。

➕ 仕上げ
2 オリーブオイル(仕上げ用)を生地表面にぬり、全体に指が底につく深さの穴をあける。プチトマトを半分に切り、穴に押し込むようにして乗せ(a)、全体に粗塩をふる。

🍲 焼成
3 プレーンフォカッチャと同様に焼く。

a

山椒フォカッチャ
（さんしょう）

プレーンなフォカッチャに山椒を混ぜ込みアクセントにした、大人のフォカッチャ。ミル付きの実山椒を使うと、挽きたての香り高さが味わえます。

材料	18cm	20cm	22cm
プレーンフォカッチャの生地(P.70)			
粉山椒	小さじ¼	小さじ¼強	小さじ¼強
粗塩・オリーブオイル(仕上げ用)	適量	適量	適量

🍳 生地作り〜 🔲 予熱
1 プレーンフォカッチャの**1〜10**と同様に作る。ただし粉類を混ぜる際に粉山椒を加える。

➕ 仕上げ
2 オリーブオイル(仕上げ用)を生地表面に塗り、全体に指が底につく深さの穴をあけ、全体に粉山椒(分量外)と粗塩をふる(a)。

🍲 焼成
3 プレーンフォカッチャと同様に焼く。

a

はちみつブリオッシュ
作り方→P.74

トロペジェンヌ
作り方→P.75

ブルーベリーとクリームチーズのタルト
作り方→P.75

はちみつブリオッシュ

バターと卵が多く入ったブリオッシュはパサつきやすいのが悩みですが、鍋に入れると
火の当たりがやわらかくしっとり焼けます。はちみつは生地の保水性を高める効果があります。

材料	18cm	20cm	22cm
強力粉	120g	160g	180g
薄力粉	30g	40g	45g
塩	3g	4g	4g
ドライイースト	1.5g＊	2g	2g
A はちみつ	20g	25g	30g
卵(大さじ1を取り分けておく)	1個	1個	1個半
牛乳(上の卵と合わせて)	115g	150g	175g
バター	20g	25g	30g
あられ糖	適量	適量	適量

＊1.5g＝小さじ½

準備
1 バターは耐熱容器に入れ、電子レンジで加熱して溶かしておく。

🥣 生地作り
2 ボウルにドライイースト、A、**1**の順に量り入れ、ホイッパーで混ぜる。
★水温については、P.11のQ&Aを参照。
3 強力粉、薄力粉、塩の順に加えてゴムベラで粉気がなくなるまで混ぜる。
4 ラップをして30分室温で休ませたら、濡れた手で生地をボウルのまわりからはがして中央に折りたたむ作業を1周半行い、生地の上下を返す。

🥣 一次発酵
5 ラップをしてさらに30分室温で休ませたら、冷蔵庫の野菜室に入れて最低6時間〜最長2日置く。
6 2倍以上に膨らんでいたら発酵完了。生地を冷蔵庫から取り出し30分室温に置く。

○ 成形
7 生地の表面に打ち粉(強力粉・分量外)をふり、生地とボウルの間にカードを差し込んで生地をはがし、ボウルを逆さにして生地をやさしく取り出す。
8 まわりから中心に向かって折りたたむようにしてまとめ、ひっくり返し、生地の表面を張らせるように丸める。
9 四隅に切り込みを入れたオーブンペーパーを鍋に敷き、再度生地の表面を張らせるように丸め直してとじ目をつまんでとじ、とじ目を下にして鍋に入れる。生地表面を手で押して鍋の隅々まで生地が行き渡るように平らにする。

🥣 二次発酵
10 オーブンの発酵機能35℃で50分、庫内で二次発酵させる。ひとまわり大きくなったら鍋を取り出す。

🔲 予熱
11 オーブンに天板を入れて200℃に予熱する。

⊕ 仕上げ
12 表面に取り分けおいた大さじ1の卵液を刷毛で塗り、全体にあられ糖(a)をふる。

🔲 焼成
13 オーブンを180℃に設定し、蓋をせずに20分焼く。
★20cmは22分。22cmは25分。

a
あられ糖
ワッフルシュガーとも呼ばれる。製菓材料店などで購入できる。

トロペジェンヌ

ブリオッシュにカスタードクリームを挟んだ、南仏産まれの菓子パン。冷たいクリームを
挟むとブリオッシュもさっぱりいただけます。基本のカスタードクリームの作り方を紹介します。

材料	18cm	20・22cm
はちみつブリオッシュ	1個	1個
A 卵黄	2個	3個
砂糖	45g	70g
バニラエッセンス	2滴	3滴
薄力粉	15g	22g
牛乳	200g	300g

準備

1 はちみつブリオッシュを焼き、冷ましておく。

2 カスタードクリームを作る。ボウルにAを入れてホイッパーで混ぜ、薄力粉をふるい入れ、よく混ぜる。

3 鍋に牛乳を入れて中火にかけ、温まったら**2**に注いでホイッパーで混ぜる。鍋に戻し、中弱火にかけ、沸騰して粘度が出てくるまで3分ほどホイッパーで絶えずかき混ぜる。

4 バットにあけ、上からラップを密着させ、粗熱がとれたら冷蔵庫で冷やす。

⊕ 仕上げ

5 はちみつブリオッシュを横半分に切り、**4**のカスタードクリームをほぐして挟む。

ブルーベリーとクリームチーズのタルト

ブリオッシュ生地を薄くのばしてクリームチーズとブルーベリーをのせ、
タルト状に仕上げます。冷凍のフルーツは水分が多いので生のものを使ってください。

材料	18cm	20cm	22cm
強力粉	55g	70g	80g
薄力粉	15g	20g	25g
塩	1g	1.5g	1.5g
ドライイースト	0.75g＊	1g	1g
A はちみつ	10g	12g	14g
卵	20g	25g	28g
牛乳	20g	25g	28g
バター	10g	12g	14g
トッピング			
クリームチーズ	50g	65g	75g
ブルーベリー	80g	105g	120g
砂糖	20g	25g	30g

＊0.75g＝小さじ¼

⊖ 生地作り〜⊖ 一次発酵

1 はちみつブリオッシュの**1**〜**6**と同様に生地を作る。

準備

2 クリームチーズは常温に戻し、砂糖半量とあえておく。

○ 成形

3 生地を取り出し、裏表に打ち粉(強力粉・分量外)をふり、麺棒で鍋底の直径より約2cm大きい丸形にのばす。

4 四隅に切り込みを入れたオーブンペーパーの上に**3**をのせ、縁から2cm残して**2**を塗り広げる。ブルーベリーと残りの砂糖をあえて上にのせ、生地の縁を内側に折る(a)。

◎ 二次発酵

5 **4**を鍋に入れ、常温で45分(冬は60分)置き、二次発酵させる。

予熱〜 焼成

6 オーブンに天板を入れて210℃に予熱する。

7 生地の縁に溶き卵(分量外)を刷毛で塗る。

8 オーブンを190℃に設定し、蓋をせずに18分焼く。

★20cmは20分。22cmは22分。

a

シミット風ぐるぐる胡麻パン

トルコの屋台で売っている、胡麻をたっぷりまぶした輪っか状のパン「シミット」を鍋に入れて焼いてみました。
二次発酵を短めにして、むっちりした食感に仕上げます。

材料	18cm	20cm	22cm
強力粉	150g	200g	220g
薄力粉	50g	60g	80g
塩	4g	5g	6g
砂糖	5g	6g	7g
ドライイースト	2g	2.5g	3g
水	110g	145g	165g
白胡麻	適量	適量	適量
はちみつ	小さじ½	小さじ½	小さじ½

🥣 生地作り

1 ボウルにドライイースト、水の順に量り入れ、ホイッパーで混ぜる。
★水温については、P.11のQ&Aを参照。

2 砂糖、強力粉、薄力粉、塩の順に量り入れ、ゴムベラで混ぜる。粘度が出てきたらカードに持ち替え、粉気がなくなるまで混ぜる。

3 ラップをして30分室温に休ませたら、濡れた手で生地をボウルのまわりからはがして中央に折りたたむ作業を1周半行う。生地の上下を返す。

🥣 一次発酵

4 ラップをしてさらに30分室温で休ませたら、冷蔵庫の野菜室に入れて最低6時間〜最長2日置く。

5 2倍以上に膨らんでいたら発酵完了。生地を冷蔵庫から取り出し30分室温に置く。

○ 成形

6 生地の表面に打ち粉(強力粉・分量外)をふり、生地とボウルの間にカードを差し込んで生地をはがし、ボウルを逆さにして生地をやさしく取り出す。

7 生地を2分割してゆるく丸め、ふきんをかけて10分休ませる。

8 生地のとじ目を上にして置き、手のひらで平たくして生地の上下を折ってから、さらに二つ折りして棒状にし(a)、とじ目をつまんでとじる。

9 生地を転がして約65cmの長さを2本作り、ねじって1本にする(b)。

10 外側から内側にぐるぐる巻く(c)。生地の端は表面に出ないように内側に入れるようにする。

11 はちみつを水少々(分量外)で薄めたものを表面に刷毛で塗り、白胡麻を入れたバットに生地を入れてくっつける(d)。

🥣 二次発酵

12 四隅に切り込みを入れたオーブンペーパーを敷いた鍋に**11**を入れ、オーブンの発酵機能35℃で30分、庫内で二次発酵させる。ひとまわり大きくなったら鍋を取り出す。

🔲 予熱

13 オーブンに天板を入れて220℃に予熱する。

🔲 焼成

14 オーブンを200℃に設定し、蓋をせずに22分焼く。
★20cmは25分。22cmは28分。

a

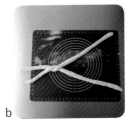

b

c

d

カルツォーネ風パン

生地の中に自家製ピザソースとチーズ、生ハム、バジルを挟んで焼いた大きなカルツォーネ。
焼きたてを食べれば、サクっ&ふわっとした生地の中からチーズがとろ〜り。

材料	18cm	20cm	22cm
強力粉	100g	130g	150g
薄力粉	30g	40g	45g
塩	2g	3g	3g
砂糖	8g	10g	12g
ドライイースト	1.5g＊	2g	2g
A 水	70g	90g	105g
オリーブオイル	6g	8g	9g
具材			
生ハム	25g	30g	35g
シュレッドチーズ	30g	40g	45g
バジルの葉	6枚	8枚	9枚
ピザソース			
トマトピューレ	大さじ3	大さじ4	大さじ4.5
にんにく(すりおろし)	⅓片分	½片分	½片分
塩	小さじ¼	小さじ¼	小さじ¼強
砂糖	小さじ½	小さじ½	小さじ½強

＊1.5g=小さじ½

🥣 生地作り

1 ボウルにドライイースト、Aの順に量り入れ、ホイッパーで混ぜる。
★水温については、P.11のQ&Aを参照。

2 砂糖、強力粉、薄力粉、塩の順に加えてゴムベラで混ぜ、粘度が出てきたらカードに持ち替え、粉気がなくなるまで混ぜる。

3 ラップをして30分室温で休ませたら、濡れた手で生地をボウルのまわりからはがして中央に折りたたむ作業を1周半行い、生地の上下を返す。

🍳 一次発酵

4 ラップをしてさらに30分室温で休ませたら、冷蔵庫の野菜室に入れて最低6時間〜最長2日置く。

5 2倍以上に膨らんでいたら発酵完了。生地を冷蔵庫から取り出し30分室温に置く。

準備

6 ピザソースの材料をボウルに入れ、混ぜ合わせておく。

⭕ 成形

7 生地の表面に打ち粉(強力粉・分量外)をふり、生地とボウルの間にカードを差し込み、ボウルを逆さにして生地をやさしく取り出す。

8 生地を2分割してゆるく丸め、ふきんをかけて10分間休ませたら、生地に打ち粉をして麺棒で鍋の底より少し大きく伸ばす。

9 四隅に切り込みを入れたオーブンペーパーの上に**8**を1枚のせ、生地

の縁から2cm残し、ピザソース、生ハム、バジルの葉、シュレッドチーズの順にのせる(a)。

10 もう1枚の生地を**9**の上に重ね、縁を内側に折ってとじる(b)。表面にフォークで穴をあける(c)。

🍳 二次発酵

11 **10**を鍋に入れ、オーブンの発酵機能35℃で30分、庫内で二次発酵させる。ひとまわり大きくなったら鍋を取り出す。

📟 予熱

12 オーブンに天板を入れて250℃に予熱する。

🍳 焼成

13 オーブンを230℃に設定し、蓋をせずに22分焼く。
★20cmは25分。22cmは28分。

a

b

c

胡椒餅

バターを折り込んだ簡易パイ生地に、豚とネギの餡がたっぷり入った台湾名物の胡椒餅。
五香粉の香りがポイントです。脂身多めのひき肉を使えば、ジューシーな仕上がりに。

材料	18cm	20cm	22cm
強力粉	100g	130g	150g
薄力粉	30g	40g	45g
塩	2g	2.5g	3g
砂糖	6g	8g	9g
ドライイースト	1.5g＊	2g	2g
A 水	75g	98g	112g
オイル	4g	5g	6g
バター	35g	45g	50g
白胡麻	適量	適量	適量
餡			
豚ひき肉	200g	260g	300g
塩	小さじ⅓	小さじ⅓強	小さじ½
しょうゆ	大さじ1	大さじ1⅓	大さじ1½
ごま油	大さじ1	大さじ1⅓	大さじ1½
五香粉	小さじ½	小さじ½強	小さじ¾
粗挽き黒胡椒	1g	1g	1.5g
青ネギ	30g	40g	45g

＊1.5g＝小さじ½

◉ 生地作り〜◉ 一次発酵

1 P.79のカルツォーネ風パンの**1**〜**5**と同様に生地を作り、一次発酵させる。

準備

2 餡を作る。青ネギは小口切りにする。ボウルに豚ひき肉と塩を入れて粘り気が出るまでこねる。餡の残りの材料を全て加えて混ぜる。バターはよく冷やしておく。

○ 成形

3 生地の表面に打ち粉(強力粉・分量外)をふり、カードでやさしく生地を取り出し、生地を正方形に整える。バターは打ち粉をたっぷりふり、麺棒で叩いて生地よりひとまわり小さな正方形にのばす。

4 生地の上にバターを斜めに置き、生地を対角線で合わせてしっかりと閉じる(a)。

5 麺棒で生地を縦長に伸ばして三つ折りし、90度向きを変えて再び縦長に伸ばして三つ折りにする(b)。

6 生地を長方形に薄く伸ばしたら6等分し(c)、バットなどに置いてラップをかけ、冷蔵庫で10分休ませる。
★20cm鍋の場合は6等分、22cm鍋の場合は8等分。

7 冷蔵庫から**6**を1枚ずつ取り出し、正方形に薄く伸ばす。**2**の餡を等分し、生地にのせて包み、とじ目をとじる(d)。

◉ 二次発酵

8 四隅に切り込みを入れたオーブンペーパーを敷いた鍋に**7**をとじ目を下にして並べ、オーブンの発酵機能30℃で45分、庫内で二次発酵させる。ひとまわり大きくなったら鍋を取り出す。

▣ 予熱

9 オーブンに天板を入れて250℃に予熱する。

⊕ 仕上げ

10 生地表面に霧吹きし、白胡麻をたっぷりまぶす。

▣ 焼成

11 オーブンを230℃に設定し、蓋をせずに23分焼く。
★20cmは26分。22cmは30分。

a

b

c

d

五香粉 中国料理などで使われるスパイス。スーパーや輸入食材店で購入可能。

シナモンロール
作り方→P.84

りんごデニッシュロール
作り方→P.86

ハムと玉ねぎロール
作り方→P.87

シナモンロール

北欧生まれのシナモンロールに、クリームチーズのフロスティングが相性抜群。
人気のブレイザーに敷き詰めて焼きましたが、ピコ・ココット ラウンドでも作れます。

材料	18cm	20cm	22cm・ブレイザー
強力粉	160g	210g	250g
塩	3g	4g	5g
砂糖	16g	21g	25g
ドライイースト	1.5g＊	2g	2.5g
A 卵	25g	30g	40g
牛乳	80g	105g	125g
バター	13g	17g	20g
フィリング			
バター	15g	20g	25g
シナモンパウダー	5g	6g	7g
砂糖	30g	40g	45g
フロスティング			
クリームチーズ	25g	35g	40g
砂糖	15g	20g	22g
バター	15g	20g	22g
レモン汁	少々	少々	少々

＊1.5g＝小さじ½

写真は24cmのブレイザー・ソテーパンです。分量は22cmのピコ・ココット ラウンドと同量です。

準備

1 Aのバターは、電子レンジで加熱して溶かしておく。

生地作り

2 ボウルにドライイースト、Aの順で量り入れ、ホイッパーで混ぜる。
★水温については、P.11のQ&Aを参照。

3 砂糖、強力粉、塩の順に加えてゴムベラで混ぜ、粘度が出てきたらカードに持ち替え、粉気がなくなるまで混ぜる。

4 ラップをして30分室温に休ませたら、濡れた手で生地をボウルのまわりからはがして中央に折りたたむ作業を1周半行い、生地の上下を返す。

一次発酵

5 ラップをしてさらに30分室温に休ませたら、冷蔵庫の野菜室に入れて最低6時間〜最長2日置く。

6 2倍以上に膨らんでいたら発酵完了。生地を冷蔵庫から取り出し30分室温に置く。

準備

7 フィリングを準備する。バターは常温に戻し、シナモンパウダー・砂糖と混ぜ合わせておく。

○ 成形

8 生地の表面に打ち粉(強力粉・分量外)をふり、生地とボウルの間にカードを差し込んで生地をはがし、ボウルを逆さにして生地をやさしく取り出す。

9 生地に打ち粉(強力粉・分量外)をし、22cm・ブレイザーは縦20×横40cmに麺棒で伸ばす。横を先に伸ばすと伸ばしやすい。
＊18cm・20cmは縦20×横35cm。

10 下1cmをあけて**7**をのせる。

11 上からくるくると巻いていく。

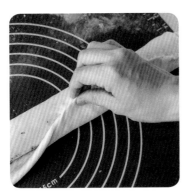

12 巻き終わりをつまんでとじる。

13 ブレイザーは生地をカードで3cm幅で12個にカットする。

★18cm・20cmは5cm幅で7個、22cmは4cm幅で10個。

14 四隅に切り込みを入れたオーブンペーパーを鍋に敷き、断面が上になるように生地を入れる。

◎二次発酵

15 オーブンの発酵機能35℃で50分、庫内で二次発酵させる。

16 生地がひとまわり大きく膨らんで、生地の隙間が埋まったら鍋をオーブンから取り出す。

📟予熱

17 オーブンに天板を入れて200℃に予熱する。

🍥焼成

18 表面に溶き卵(分量外)を刷毛で塗り、オーブンを180℃に設定し、蓋をせずにブレイザーは23分焼く。

★18cmは20分、20cmは23分、22cmは26分。

⊕仕上げ

19 フロスティングのクリームチーズとバターを室温に戻し、他の材料とよく混ぜ合わせる。粗熱がとれたシナモンロールの表面にスプーンでのせる。

85

りんごデニッシュロール

りんごを甘煮にし、たっぷりと巻き込んだ贅沢なパン。りんごは酸味のある紅玉を使うのがおすすめ。
食感が残るりんごとアーモンドの香ばしさがアクセント。

材料	18cm	20cm	22cm
シナモンロールの生地(P.84)			
アーモンドスライス	適量	適量	適量
りんごの甘煮			
りんご	1個	1個	1個半
砂糖	20g	20g	30g
レモン汁	8g	8g	12g

準備

1 りんごの甘煮を作る。りんごは皮をむき1.5cm角に切り、小鍋に入れて砂糖とレモン汁とあえて10分置く。水分が出たら弱火にかけ、食感が残る硬さまで5分(22cmは10分)ほど煮る(a)。そのまま粗熱が取れるまで冷まし、ざるにあげて水気をきり、さらにキッチンペーパーでしっかりと表面の水気をとる。

◎生地作り〜◎一次発酵

2 シナモンロール**1**〜**6**と同様に生地を作る。

○ 成形

3 生地の表面に打ち粉(強力粉・分量外)をふり、生地とボウルの間にカードを差し込んで生地をはがし、ボウルを逆さにして生地をやさしく取り出す。

4 生地に打ち粉(強力粉・分量外)をし、麺棒で縦20×横35cmに伸ばす。横を先に伸ばすと伸ばしやすい。

★20cmは同様、22cmは縦20×横40cm。

5 生地の下2cmをあけてりんごの甘煮をのせ(b)、上から巻いて巻き終わりをつまんでとじる。

6 生地をカードで5cm幅で7個にカットする。

★20cmは同様、22cmは4cm幅で10個。

7 鍋にオーブンペーパーを敷き、**6**の断面が上になるように鍋に入れる(c)。

◎二次発酵

8 オーブンの発酵機能35℃で50分、庫内で二次発酵させる。ひとまわり大きくなったら鍋を取り出す。

予熱

9 オーブンに天板を入れて200℃に予熱する。

c

⊕ 仕上げ

10 表面に溶き卵(分量外)を刷毛で塗り、アーモンドスライスを散らす。

焼成

11 オーブンを180℃に設定し、蓋をせずに24分焼く。

★20cmは28分。22cmは32分。

a

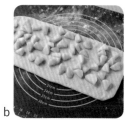

b

ハムと玉ねぎロール

お惣菜パンの定番、ハムロールパンをちぎりパンにしました。具だくさんなので朝ごはんにもぴったりです。
焼くときにマヨネーズをかけて子どもも大好きな味に。

材料	18cm	20cm	22cm
シナモンロールの生地(P.84)			
ロースハム	70g	90g	105g
玉ねぎ	60g	80g	90g
マヨネーズ	適量	適量	適量
パセリ(あれば)	適量	適量	適量

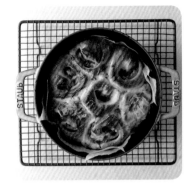

準備
1 玉ねぎは薄切りにする。

◯生地作り〜◯一次発酵
2 シナモンロール**1〜6**と同様に生地を作る。

◯ 成形
3 生地の表面に打ち粉(強力粉・分量外)をふり、生地とボウルの間にカードを差し込んで生地をはがし、ボウルを逆さにして生地をやさしく取り出す。

4 生地に打ち粉(強力粉・分量外)をし、麺棒で縦20×横35cmに伸ばす。横を先に伸ばすと伸ばしやすい。

★20cmは縦20×横35cm、22cmは縦20×横40cm。

5 生地の下2cmをあけてハム、玉ねぎの順にのせ(a)、上から巻いて巻き終わりをつまんでとじる。

6 生地をカードで5cm幅で7個にカットする。

★20cmは同様、22cmは4cm幅で10個。

7 鍋にオーブンペーパーを敷き、**6**の断面が上になるように鍋に入れる(b)。

◯二次発酵
8 オーブンの発酵機能35℃で50分、庫内で二次発酵させる。ひとまわり大きくなったら鍋を取り出す。

b

◯予熱
9 オーブンに天板を入れて200℃に予熱する。

⊕ 仕上げ
10 表面に溶き卵(分量外)を刷毛で塗り、全体にマヨネーズとパセリをかける。

◯ 焼成
11 オーブンを180℃に設定し、蓋をせずに22分焼く。

★20cmは25分。22cmは28分。

a

10cmの鍋で焼く小さなパン

直径10cmのピコ・ココット ラウンドはパンを焼くのにも重宝。
蓋をして焼けば表面が平らになって、少量の油で揚げパンもできます。
手のひらサイズのかわいいパンは、朝食やおやつにもぴったり。

イングリッシュマフィン
作り方→P.90

バーガーバンズ
作り方→P.91

カレーパン
作り方→P.92

イングリッシュマフィン

蓋をして焼くと、表面が平らのイングリッシュマフィンの形に！
ピコ・ココットの七分目まで発酵させて焼くのがコツです。

材料	10cm 2台分
強力粉	70g
塩	1.5g
砂糖	5g
ドライイースト	1g
A 水	50g
オイル	3g
コーングリッツ	適量

🥣 生地作り

1 ボウルにドライイースト、Aを順に量り入れ、ホイッパーで混ぜる。
★水温については、P.11のQ&Aを参照。
2 砂糖、強力粉、塩の順に加えてゴムベラで混ぜ、粘度が出てきたらカードに持ち替え粉気がなくなるまで混ぜる。
3 ラップをして30分室温で休ませたら、濡れた手で生地をボウルのまわりからはがして中央に折りたたむ作業を1周半行い、生地の上下を返す。

🥣 一次発酵

4 ラップをしてさらに30分室温で休ませたら、冷蔵庫の野菜室に入れて最低6時間～最長2日置く。
5 2倍以上に膨らんでいたら発酵完了。生地を冷蔵庫から取り出し30分室温に置く。

○ 成形

6 生地の表面に打ち粉（強力粉・分量外）をふり、生地とボウルの間にカードを差し込んで生地をはがし、ボウルを逆さにして生地をやさしく取り出す。
7 生地を2分割して丸める。
8 室温に戻したバター（分量外）を、鍋と蓋の内側に刷毛で塗る。
9 再度表面を張らせるように生地を丸め直してとじ目をとじる。全体に霧吹きし、バットに入れたコーングリッツをまぶす（a）。

🥣 二次発酵

10 鍋に9を入れ、オーブンの発酵機能30℃で約35分、庫内で二次発酵させる。生地が鍋の七分目まで膨らんだらオーブンから鍋を取り出す。

🍩 予熱

11 オーブンに天板を入れて200℃に予熱する。

🥫 焼成

12 オーブンを180℃に設定し、蓋をして12分、蓋を外して180℃で3分焼く。

a

バーガーバンズ

まるでバーガーショップのような、本格的なバーガーバンズを作りましょう。
鍋に入れると綺麗な丸型に焼き上がります。食べごたえがあるので1個でも大満足！

材料	10cm　2台分
強力粉	60g
薄力粉	10g
塩	1.5g
砂糖	7g
ドライイースト	1g
A 卵	13g
牛乳	35g
オイル	5g
白胡麻	適量

🥣 生地作り

1 ボウルにドライイースト、Aを順に量り入れ、ホイッパーで混ぜる。
★水温については、P.11のQ&Aを参照。
2 砂糖、強力粉、薄力粉、塩の順に加えてゴムベラで混ぜ、粘度が出てきたらカードに持ち替え粉気がなくなるまで混ぜる。
3 ラップをして30分室温で休ませたら、濡れた手で生地をボウルのまわりからはがして中央に折りたたむ作業を1周半行い、生地の上下を返す。

🥣 一次発酵

4 ラップをしてさらに30分室温で休ませたら、冷蔵庫の野菜室に入れて最低6時間〜最長2日置く。
5 2倍以上に膨らんでいたら発酵完了。生地を冷蔵庫から取り出し30分室温に置く。

⭕ 成形

6 生地の表面に打ち粉(強力粉・分量外)をふって、生地とボウルの間にカードを差し込んで生地をはがし、ボウルを逆さにしてやさしく取り出す。
7 生地を2分割して丸める。
8 常温に戻したバター(分量外)を鍋の内側に刷毛で塗る。再度表面を張らせるように生地を丸め直してとじ目をとじ、とじ目を下にして入れる。

🥣 二次発酵

9 オーブンの発酵機能35℃で45分、庫内で二次発酵させる。生地がひとまわり大きくなったら、オーブンから鍋を取り出す。

🔲 予熱

10 オーブンに天板を入れて200℃に予熱する。

⊕ 仕上げ

11 表面に溶き卵(分量外)を刷毛で塗り、上に白胡麻をふる。

🥣 焼成

12 オーブンを180℃に設定し、蓋をせずに15分焼く。

バーガーバンズに合うビーフパテの作り方

材料(2個分)
牛ひき肉　200g
塩　2g
卵　½個分
パン粉　大さじ2
ナツメグ・コショウ　各少々

作り方
1 ボウルに牛ひき肉と塩を入れ、粘り気が出るまでよくこねる。残りの材料を加えて混ぜ、2等分して平たい丸型に成形する。
2 フライパンに油(分量外)を入れて中火にかけ、両面を焼く。

カレーパン

10cmのピコ・ココット ラウンドを直火にかければ、たった大さじ1杯の油で揚げることができます。
コーンフレークを衣に使ってザクザクの食感に。焦げやすいのでごく弱火で揚げてくださいね。

材料	10cm 2台分
イングリッシュマフィンの生地(P.90)	×1
カレー粉	2g
コーンフレーク(無糖)	適量
ドライカレー (作りやすい分量)	
A にんにく・しょうが(すりおろし)	各1片分
カレー粉	大さじ1
オリーブオイル	大さじ1
玉ねぎ	½個
塩	小さじ1
豚ひき肉	200g
B トマトピューレ・ココナッツミルク	各大さじ3

◯ 生地作り

1 イングリッシュマフィン**1～3**と同様に生地を作る。ただし、強力粉とともにカレー粉を加える。

◯ 一次発酵

2 ラップをしてさらに30分室温で休ませたら、冷蔵庫の野菜室に入れて最低6時間～最長2日置く。

3 2倍以上に膨らんでいたら発酵完了。生地を冷蔵庫から取り出し30分室温に置く。

準備

4 ドライカレーを作る。鍋にAのオリーブオイルを熱し、Aのほかの材料を加えて炒める。

5 香りが出てきたらみじん切りにした玉ねぎと塩を加えてしんなりするまで炒め、豚ひき肉を入れて肉の色が変わるまで炒める。

6 Bを加えて煮込む。水分が多いと包みにくいのでしっかりと飛ばすように加熱し、冷ましておく(a)。

7 冷めたら、30gを2つラップに包んでおく。

★残りは冷凍庫で約1ヵ月保存可能。

a

◯ 成形

8 生地の表面に打ち粉(強力粉・分量外)をふり、生地とボウルの間にカードを差し込んで生地をはがし、ボウルを逆さにして生地をやさしく取り出す。

9 生地を2分割して丸め、とじ目を上にして真ん中が少し厚く、まわりが少し薄くなるように平らにする。

10 それぞれの生地にドライカレーを包み、とじ目をとじる。

14 大さじ1の油(分量外)を生地のまわりから入れる。

11 生地全体に霧吹きし、バットに入れたコーンフレークをまぶす。
12 鍋と蓋の内側にオイル(分量外)を刷毛で塗り、生地を入れる。

二次発酵

13 オーブンの発酵機能30℃で40分、庫内で二次発酵させる。生地が鍋の八分目まで膨らんだら発酵完了。

15 鍋を直火にかけ、ごく弱火にし、生地のまわりから油が沸いてきたら蓋をして揚げ焼きにする。

16 側面の生地が固まってきたら菜箸を差し込んで上下を返し、再度蓋をしてごく弱火で合計10分以上焦げないように気をつけて揚げる。

サバのリエット

パンに合うもの

自分で作ったパンを、もっとおいしく食べられる名脇役レシピをご紹介。
どれも混ぜるだけの簡単レシピ。数日日持ちするので作り置きにもぴったりです。

いちじくの白和え

キャベツの
即席ザワークラウト風

濃いいちごバター

サバのリエット

魚臭さがなく食べやすい、サバ缶を使ったリエット。
トーストしたパンにのせて。

材料（作りやすい分量）

サバ缶	60g
バター	60g
塩	小さじ¼
レモン汁	小さじ1

作り方

バターは室温に戻す。汁気をきった
さば缶、塩、レモン汁を加えてフォ
ークで混ぜる。

★冷蔵庫で約5日保存可。

キャベツの即席 ザワークラウト風

発酵させずにすぐできるキャベツの酢漬け。
ハムと合わせてオープンサンドに。
クミンシードの食感と香りがアクセントです。

材料（作りやすい分量）

キャベツ	100g
塩	3g
白ワインビネガー	大さじ1
クミンシード	小さじ½

作り方

1 キャベツは千切りにしてボウルに
入れて塩をふり、10分ほど置く。手
でぎゅっと絞って水気をきる。
2 白ワインビネガーとクミンシード
を入れてあえる。

★冷蔵庫で約3日保存可。

いちじくの白和え

メープルシロップとクリームチーズを加え、
パンに合う味に。味噌カンパーニュにも◎。

材料（作りやすい分量）

いちじく	2個
絹豆腐	80g
クリームチーズ	20g
メープルシロップ	大さじ½
白ねり胡麻	大さじ1
塩	ふたつまみ
アーモンド（ロースト）	3粒

作り方

1 絹豆腐はキッチンペーパーに包ん
でバットや皿などにのせ、鍋などで
重しをして1時間以上しっかりと水
切りをする。クリームチーズは室温
に戻しておく。
2 1をボウルに入れ、メープルシロ
ップ、白ねり胡麻、塩を加えてホイ
ッパーでなめらかになるまで撹拌す
る。皮をむいて6等分に切ったいち
じくとあえ、上から砕いたアーモン
ドを散らす。

★冷蔵庫で約2日保存可。

濃いいちごバター

いちごをたっぷり入れた濃厚な自家製いちご
バターは、手作りならではの贅沢な味。

材料（作りやすい分量）

いちご	50g
砂糖	30g
バター	50g

作り方

1 いちごは4つ切りにして、砂糖と
ともに小鍋に入れて中火にかける。
いちごをヘラで軽く潰しながら、約
5分煮る。ヘラで混ぜた跡がしっか
りと残るくらいが目安。
2 バターを薄切りにして1に加え、
ホイッパーで混ぜる。保存容器に移
して冷蔵庫へ。10分ほどして固まっ
てきたら、再度スプーンで撹拌する。

★冷蔵庫で約5日保存可。

池田愛実 いけだまなみ

慶應義塾大学文学部卒業。ル・コルドンブルー東京校のパン科で学び、同校のアシスタントを務めたのち渡仏。M.O.F.のブーランジェリー2軒で働き経験を積む。湘南・辻堂でパン教室「crumb－クラム」主宰。ツヴィリングにてストウブを使ったパン講座の外来講師でもある。著書に『こねずにできる ふんわりもちもちフォカッチャ』（家の光協会）、『レーズン酵母で作るプチパンとお菓子』（文化出版局）がある。

ブックデザイン　若山嘉代子　L'espace
撮影　相馬ミナ
スタイリング　駒井京子
調理アシスタント　増田藍美　野上律子　土屋朋子
編集　佐々木素子
DTP　佐藤尚美（L'espace）

材料協力　TOMIZ（富澤商店）https://tomiz.com/
042-776-6488

道具協力　STAUB（ストウブ）
ツヴィリング J.A. ヘンケルス ジャパン
https://www.staub-online.com/jp/ja/home.html
0120-75-7155

ストウブでパンを焼く

2021年10月10日　発　行　　　　　　　NDC596
2023年12月1日　第5刷

著　者　池田愛実
発行者　小川雄一
発行所　株式会社 誠文堂新光社
　　　　〒113-0033 東京都文京区本郷3-3-11
　　　　電話03-5800-5780
　　　　https://www.seibundo-shinkosha.net/
印刷・製本 図書印刷 株式会社

ISBN978-4-416-62126-4